전 세계의 책을 우리말로 풀어내는 멋진 직업

출판번역가

전 세계의 책을 우리말로 풀어내는 멋진 직업

출판번역가

이세진 지음

PUBLISHING TRANSLATOR

"
원문의 의미와 느낌은 살리되,
우리말 문장으로 자연스럽게 표현하는 출판 번역의 묘미
"

TALK SHOW

> **"**
> 이 세상 도처에서 쉴 곳을 찾아보았으되 마침내
> 찾아낸, 책이 있는 구석방보다 나은 곳은 없더라.
>
> In omnibus requiem quaesivi et nusquam
> inveni in angulo cum libro
> **"**
>
> - 토마스 아 켐피스

"
저희는 다들 날개를 가지고 있는데, 그 날개를 잘
키우려면 책을 많이 읽으라고 하셨어요.
책은 새 모양을 하고 있잖아요?
읽으면 읽을수록 강하고 유연한 날개가 된대요.
어디로든 날아갈 수 있어요.
강하고 아름다운 날개를 움직여서.
"

- 마쓰다 나오코, 『중쇄를 찍자!』

전 세계의 책을 우리말로 풀어내는 멋진 직업
출판번역가

C·O·N·T·E·N·T·S

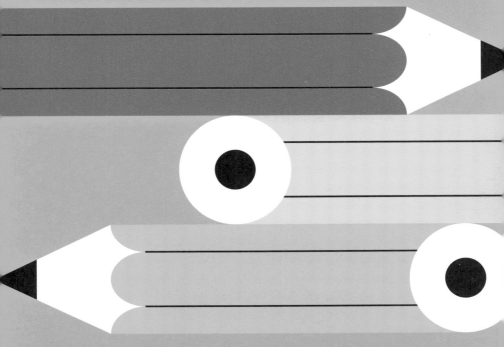

PUBLISHING TRANSLATOR

출판번역가
이세진의
프러포즈

PROPOSE

　외국어로 책을 읽는 즐거움을 평생의 일로 삼기를 꿈꾸는 청소년 여러분, 반갑습니다. 출판번역가 이세진입니다. 독서 인구는 갈수록 줄어들고 있지만 책에서 얻을 수 있는 특별한 기쁨을 소중히 여기는 사람들은 언제나 있을 테지요. 산업의 구조와 인간의 노동이 하루가 다르게 변화하는 이 시대에 책의 미래, 번역이라는 일의 전망을 논하기는 쉽지 않지만 저는 출판 번역이 어떤 사람에게는 천직이 될 수 있다고 생각해요.

　어떤 일이든 밥벌이가 되면 불가피한 업무의 반복이나 업무 외적인 난관에 부딪히게 됩니다. '내가 왜 이렇게까지 이 일을 해야 하지?'라는 현타가 올 때도 있고, 끼니를 건너뛰면서 일해야 할 만큼 바쁠 때도 있고, 개인사의 크고 작은 굴곡들이 일에 지장을 줄 때도 있습니다. 그렇게 직업인으로서 위기를 만날 때마다 그래도 일을 놓지 않게 해주는 것은 그 일에 느끼는 즐거움, 의미, 사랑일 것입니다.

자신이 좋아하고 실제로 즐기는 일은 모든 것을 뛰어넘을 힘을 불어넣습니다. 직업이 우리 삶에 주는 의미가 있으면 그날이 그날 같은 지루한 반복에 압도당하지 않고 그 속에서 안정감과 아름다움을 느낄 수 있지요. 저는 출판 번역이 충분히 그런 직업일 수 있다는 것을 경험으로 알고 있습니다.

또한 출판 번역은 자기계발을 따로 하지 않더라도 다양한 책을 작업하면서 새로운 것을 배우고 자신이 잘못 알고 있었던 것, 과거에는 옳았지만 지금은 옳다고 보기 힘든 것, 개인적인 고정관념이나 편견 등을 계속 돌아볼 기회를 던져줍니다. 사람들과 직접 부딪히고 몸을 움직이면서 얻는 배움은 상대적으로 부족할지 모르지만 흔히 생각하는 것처럼 늘 똑같은 일을 하거나 정신적으로 늘 그 자리에 머무는 것은 아닙니다. 오히려 나이가 들어서도 새로운 생각들을 접하고 조금씩 성장하는 기분을 느낄 수 있다는 점이 출판 번역의 매력이 아닐까 싶습니다.

번역 출판 생태계가 앞으로 어떻게 변할지 모르지만 이 직업에 호감이나 매력을 느끼는 청소년들에게 이 책이 하나의 길잡이가 되기를 바랍니다.

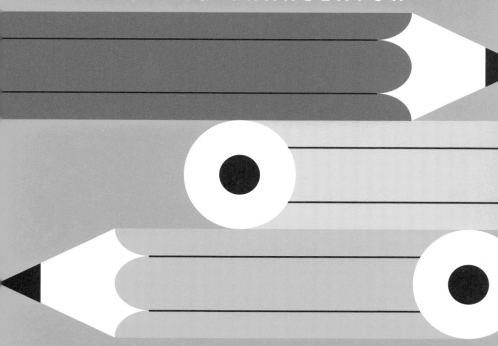

첫인사

편 토크쇼 편집자

이 이세진 출판번역가

편 안녕하세요? 에르베 르 텔리에의 『아노말리』를 비롯해, 다수의 성인 도서와 어린이책, 〈설국열차〉 같은 그래픽 노블까지 다양한 책을 번역한 이세진 선생님! 만나 뵙게 되어 반갑습니다.

이 안녕하세요, 출판번역가 이세진입니다. 저는 프랑스어로 된 책을 한국어로 번역하는 일을 주로 하고 때에 따라서는 영어 비문학 도서 번역도 하고 있어요. 대학원 다닐 때 학과 사무실에 걸려 온 전화 한 통을 받고 번역을 시작해서 어느덧 26년 넘게 번역가로 살아가고 있습니다.

편 인터넷에서 검색했더니 선생님이 번역한 책이 꽤 많이 보였어요. 그동안 출간한 책이 얼마나 될까요?

이 세어보지 않아서 정확히 몇 권인지는 모르겠어요. 200자 원고지 기준으로 매년 1만 매가량 번역했으니까 200여 종은 넘지 않을까 생각해요. 그래서 아주 오래전에 번역한 책은 내용이 정확하게 기억나지 않을 때도 많아요. (웃음)

편 번역할 때 선호하는 분야가 따로 있으세요?

이 문학, 철학, 심리학, 사회과학, 예술, 과학 등 제가 번역하는 책의 분야는 다양해요. 제가 어느 특정 분야의 번역을 고집

하지 않기 때문인데요. 만약 한 분야만 번역했다면 좀 지루했을 것 같아요. 물론 제가 배경지식이 없는 분야의 책을 받으면 어려운 점이 있어요. 그런데 어느 순간부터 일을 통해서 새로운 분야를 접하는 게 재미있더라고요. 그래서 번역 의뢰가 들어오면 제가 도저히 할 수 없다고 판단되는 책, 정말로 하기 싫은 책 빼고는 작업 여부를 긍정적으로 검토하는 편이에요.

🅟 출판번역가라고 소개하셨어요. 번역의 전문 분야가 있는 건가요?

🅘 번역가는 번역하는 자료의 종류에 따라 출판 번역, 영상 번역, 기술 번역 등으로 나뉘어요. 전문 분야로 나뉜다는 것은 서로의 영역을 넘나들기가 불가능하지는 않지만 대개 한 영역으로 특화된다는 뜻이기도 해요. 저는 출판번역가인데 영상 번역은 (출판사에서 자료로 쓸 짧은 영상을 번역하는 경우를 제외하고) 하지 않아요. 마찬가지로 영상 번역으로 충분히 입지를 굳히신 분이 출판 번역을 하는 경우도 없을 거예요. 다만, 기술 번역과 출판 번역을 오가는 분들은 좀 있는 것으로 알아요. 저도 상당히 기술적인 텍스트를 번역할 때가 있긴 하지만 기술 번역을 제 분야라고 생각해 본 적은 없어요.

편 외국어를 할 줄 아는 사람들은 통역이나 번역을 해달라는 부탁을 많이 받는다고 해요. 부탁을 거절하면 섭섭하다고 하고, 부탁을 들어주면 만족할 만한 결과가 아니라고 실망하기도 해서 승낙도 거절도 어렵다는 말을 들었어요. 외국어로 읽고 쓰는 게 능숙한 사람도 출판 번역은 쉽지 않다고요.

이 외국어를 우리말로 옮길 수 있으면 누구나 출판번역가가 될 수 있는 것 아니냐고 생각하는 사람들이 많고요. 그리고 실제로 번역을 해 본 사람들도 제법 많아요. 저희가 우스갯소리로 하는 말이 있어요. "책을 한 권 번역한 사람이 전 국민의 10퍼센트는 되는 것 같다. 10권 이상 번역한 사람은 그중 10분의 1이 안 될 거다. 그리고 이 일로 먹고사는 사람은 그야말로 한 줌이다." 출판 번역이 진입 장벽은 높지 않아 보이지만 이 일을 직업으로 삼는 사람은 극히 드물다는 말이에요. 출판 번역은 말 그대로 출판물로 나올 수 있을 정도의 완성도 높은 번역문을 제한된 시간 안에 계속 생산하는 일이거든요. 그리고 출발어인 외국어와 도착어인 우리말은 일대일 대응이 아니기 때문에 그 간극을 해소하기 위해 문장 구조를 아예 새롭게 쓰거나 주석을 달거나 하는 기술적 처리가 필요해요.

편 번역을 하려고 시도하는 사람은 많지만 결국 직업인으로서 번역가가 되는 사람은 소수라고 하셨어요. 그 이유는 뭘까요?

이 외국어를 잘한다는 것과 출판 번역을 업으로 삼는 것은 다른 차원인 것 같아요. 제가 어렸을 때는 대부분 믹스커피를 마셨어요. 손님이 와서 커피를 낼 때 손님한테 설탕과 프림은 얼마나 넣을지 물어보기도 하지만 대충 커피 타는 사람 입맛에 맞게 커피 한 스푼, 프림 두 스푼, 설탕 두 스푼 넣고 저어서 내놓곤 했지요. 믹스커피를 맛있게 잘 탄다고 해서 그 사람을 바리스타라고 하지는 않아요. 바리스타라면 원두의 산지라든가 블렌딩의 정도, 로스팅의 정도에 따라 맛의 차이를 알아야 하잖아요. 또 사람들이 인정할 만한 커피를 만들기 위해서는 실제로 원두를 다루고 커피를 추출하는 기술도 숙련되어야 하고요. 적절한 예일지는 모르지만 저는 꼭 번역이 아니더라도 어떤 일을 전문적으로 하는 사람과 한두 번 해 본 사람의 차이는 바리스타와 믹스커피를 타는 사람의 차이만큼 극명하다고 생각해요. 번역을 한두 번 해 보는 것만으로도 출판번역가에 적합한 소양을 발견할 수는 있겠지요. 그러나 그 일로 2, 30년 생계를 유지하고 번역 품질을 꾸준히 유지할 수 있느냐는 다른 문제예요. 그 정도 수준을 유지하려면 안정적인 작업 노하우와 신속성이 있어야 해요.

전 세계의 책을 우리말로 풀어내는 멋진 직업
출판번역가

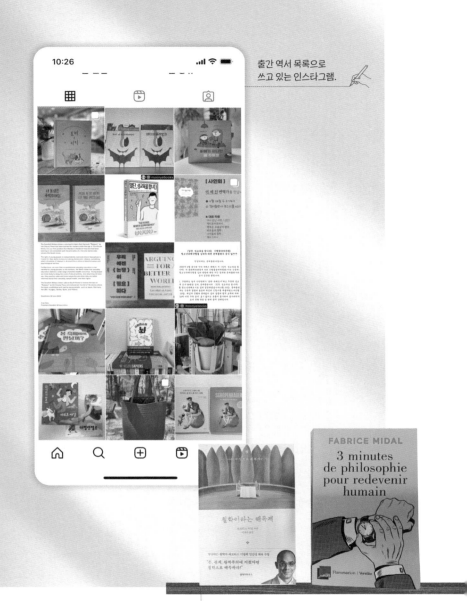

출간 역서 목록으로
쓰고 있는 인스타그램.

원서와 번역서를 나란히 놓고 보면 표지 디자인이나
제목이 어떻게 바뀌었는지 한눈에 알 수 있어요.

📝 번역가는 두 가지 언어를 모두 잘하는 사람들이잖아요. 그러면 선생님은 프랑스어책을 우리말로 옮기고, 한국어책을 프랑스어로 옮기는 일도 하시는 건가요?

이 우리나라에 영어를 잘하는 사람이 이렇게 많은데도 『채식주의자』는 영국인 번역가가 옮겼잖아요? (웃음) 한국 작가의 소설을 외국에서 출간할 때는 대체로 그 외국어를 모국어로 삼는 번역가가 옮겨요. 혹은 출발어와 도착어를 모두 잘 아는 한국인 번역가와 외국인 번역가가 협업을 하기도 하고요. 물론 우리나라에도 혼자 힘으로 한국 소설을 영어, 프랑스어, 독일어 등으로 번역할 수 있는 사람들이 많지만, 그럼에도 외국인 번역가가 중요한 이유는 도착어에 대한 감각이 완벽해야 독자에게 호소력 있는 글이 되기 때문이에요. 요즘 우리나라 소설이 외국에 많이 소개되고 있어서 누가 저한테도 프랑스어로 번역해 보면 어떻겠냐고 하는데, 저는 그렇게까지 프랑스어 실력이 뛰어나지도 않을뿐더러 30년 가까이 한국어를 도착어로 삼아왔던 입장에서 굉장히 어려운 일이에요. 어쨌든 독자가 읽는 건 도착어이고, 모국어가 아닌 도착어로 정제된 문학적 표현, 출판의 표준화된 양식을 구사한다는 건 결코 쉽지 않아요.

편 어떤 직업이나 어려움이 있지만, 한편으로는 그 어려움을 이겨내고 앞으로 나아가게 하는 무언가가 있더라고요. 번역가의 길을 계속 가게 만드는 원동력은 뭐라고 생각하세요?

이 번역가의 수입으로 충분한 생활을 하는 사람도 더러 있지만, 가족을 부양하기에는 턱없이 수입이 적고 자기 앞가림조차 힘든 사람도 많아요. 이건 작가들도 마찬가지겠죠. 그래서 어떤 어려움이 와도 꾸준함을 유지하려면 이 일을 진심으로 좋아하는 수밖에 없어요. 책을 번역하는 사람들은 일의 즐거움 자체에 빠져 있는 경우가 특히 많답니다. (웃음)

편 출판번역가라는 직업에 관심 있는 청소년에게 해주고 싶은 이야기가 있나요?

이 저는 1990년대에 대학을 다녔는데 그때는 대학생들이 취업을 걱정하기보다 자기가 좋아하는 활동에 충실했던 것 같아요. IMF 전이고 취업이 어렵지 않았던 시절이라 그랬겠지만, 지금의 청소년들도 자신이 좋아하는 일이 무엇인지 알아가는 시간이 일단 선행되어야 하지 않을까요. 좋은 회사에 들어가는 것도 좋고, 전문직이 되는 것도 좋고, 공직을 목표로 하는 것도 좋아요. 그런데 내가 그 일을 20년, 30년 할 수 있을까 하는 고민은 꼭 해 보기를 바라요. 다소 비현실적으로 들릴 수도 있겠지만, 제가 살아보니 자기가 좋아하는 일을 해야 오래, 지치지 않고 할 수 있더라고요. 저는 어릴 때부터 책을 정말 좋아했어요. 일로 책을 보는 시간이 많은데도 취미로 또 책을 읽곤 해요. 그래서 지금까지 출판 번역을 싫증 내지 않고 할 수 있는 것 같아요.

편 좋아하는 일을 해야 어떤 어려움이 와도 꾸준함을 유지할 수 있고 지치지 않을 수 있다는 말씀이 귀에 남습니다. 책을 좋아하고, 그와 관련한 일을 하고 싶은 청소년에게 도움이 되기를 바라며 출판번역가의 이야기를 시작하겠습니다.

PUBLISHING TRANSLATOR

번역가와
출판의 세계

출판번역가가 하는 일은 무엇인가요

편 출판번역가가 하는 일은 무엇인가요?

이 출판 번역은 외국어(출발어)로 쓰여있는 책을 우리나라 사람이 읽고, 이해하고, 지식을 얻거나 감동을 얻을 수 있도록 우리말(도착어) 책으로 옮기는 일이에요. 여기서는 '출판'이라는 데 강조점이 있어요. 그 이유는 책으로 출판되는 문장은 일상에서 주고받는 입말은 물론, 블로그나 인스타그램 등 인터넷에서 볼 수 있는 문장이나 상품 설명서의 문장과 다르기 때문이에요. 출판 번역은 어느 정도 표준화된 틀이 있어요. 가장 큰 차이는 정제된 표현이라고 할 수 있을 것 같아요. 원문의 의미와 느낌은 살리되 우리말 문장으로 자연스러워야 하고, 외래어 표현을 그대로 쓰기보다는 국어 순화를 염두에 두어야 하지요. 그리고 가급적이면 문체와 어휘의 미묘한 차이를 고려하여 원문의 분위기를 전달해야 해요. 문장을 구사하는 능력도 필요하고 문법적 지식, 외래어 표기나 출판물 양식에 대한 지식도 필요합니다.

편 번역의 분야에 따라 다른 점도 있을 것 같아요.

이 영상번역가, 기술번역가 등 번역하는 자료의 대상에 따라 분야가 다른 전문 번역가들이 있어요. 영상 번역은 영화, 드라마, 다큐멘터리, 유튜브 영상 등 시청각 자료를 번역하는 작업이에요. 대사를 자막으로 넣거나 더빙할 수 있도록 번역하죠. 영상 번역의 특징은 영상물의 흐름과 각 장면을 시청자가 잘 이해할 수 있도록 번역해야 한다는 거예요. 영상의 길이와 자막 길이에 제한이 있기 때문에, 정확한 의미 전달과 간결함 사이의 균형을 맞추는 게 중요하죠. 또한 대사와 장면이 자연스럽게 연결되어야 하고요. 영상 번역의 또 다른 특징은 언어로 모든 것을 전달할 필요가 없다는 거예요. 언어 표현만으로는 이해하기 어려운 내용이라도 영상을 보면서 해소되는 부분이 많기 때문이에요. 또 출판 번역처럼 정제되고 순화된 우리말 문장을 구사해야 한다는 부담은 덜하지요.

편 출판 번역과 영상 번역의 또 다른 차이도 있을까요?

이 개인차가 있겠지만 제가 아는 영상번역가는 작품 의뢰가 들어오면 단기간 바짝 작업을 하고 다음 작품이 들어올 때까지 좀 쉬어요. 그런데 출판 번역은 대체로 작업 기간이 길다 보니 하루 작업량을 정해놓고 거의 매일 규칙적으로 일을 하시는 분들이 많아요. 때에 따라서 개인적인 사정으로 마감 일정을 미뤄야 하는데, 영화처럼 시사회나 개봉일이 정해져 있는 영상물의 번역은 그렇게 미룰 수 있는 일이 아니라더군요. 반면, 번역은 아주 예외적인 경우를 제외하고는 개인적인 사정으로 마감을 약간 미루는 게 어렵지 않아요. 아, 오해의 소지가 있을까 봐 부연하자면 프로이기 때문에 마감은 반드시 지키는 편입니다. (웃음) 그렇지만 현재 이슈가 되는 책이나 작가 내한, 전 세계 동시 출간 같은 이벤트와 맞물려 있는 책이 아닌 이상 출판사에서 어느 정도 일정 조정이 가능해요.

편 출판 번역과 영상 번역이 번역할 자료에 따라 번역 방식이 다르다는 것은 이해했어요. 그러면 기술 번역은 또 어떻게 다른가요?

이 기술 번역은 과학, 기술, 의료, 법률 등 전문적인 분야의 자료, 학술 논문, 기술 사용 설명서 등을 번역하는 작업을 말해요. 전문 용어를 정확하게 번역해야 하므로 그 분야에 관한 전문 지식이 필요할 수 있어요. 또한 오역으로 인해 심각한 문제가 발생할 수도 있어서 그 부분에도 주의가 필요하겠지요. 하지만 제가 이 분야에 대해서는 잘 알지 못해요. 그냥 원론적인 차원에서 정리하자면 각각의 번역은 요구되는 기술과 접근 방식이 다르며, 번역가는 번역하는 원문의 특성에 따라 그에 맞는 능력을 발휘해야 한다는 거예요.

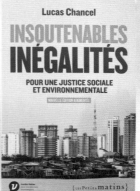

토마 피케티와 함께 불평등이라는 주제를
연구하는 프랑스 학자 뤼카 샹셀의 책.

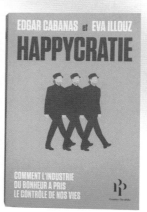

행복의 성취를 개인의 과제로 전가하는
세태를 고발하는 에바 일루즈의 책.

전 세계의 책을 우리말로 풀어내는 멋진 직업
출판번역가

장폴 뒤부아의 2019년 공쿠르상 수상작.

편 번역 외에 번역가의 다른 역할도 있을까요?

이 번역가의 또 다른 역할은 외국의 문학 및 비문학 서적을 소개하는 거예요. 저는 평소에 프랑스 출판사나 언론사의 SNS 피드를 자주 살펴봐요. 요즘 프랑스에서 잘 나가는 책이 있는지 개인적으로 관심 가는 책은 없는지 살펴보고 가끔은 출판사에 소개하기도 하지요. 그러면 출판사는 제가 제안한 책이 국내 독자에게 호소력이 있을 것인가, 문학적으로 의미가 있는 작품인가, 국내 현실과 너무 괴리되거나 거부감이 들지는 않는가 등등을 따져 보지요. 예를 들어 이슬람 문화권에서 베스트셀러가 되었다 해도 우리나라 여성 독자들에게는 불쾌감을 불러일으킬 수 있는 책이 있을 수 있잖아요. 책을 번역하고 출간할 때는 언어적 간극뿐만 아니라 문화적 간극도 고려 대상이에요.

번역서가 나오기까지의 과정이 궁금해요

편 번역 의뢰가 들어오면 제일 먼저 하는 일은 무엇인가요?

이 일단 처음부터 끝까지 빠르게 읽어요. 중간에 모르는 단어가 있거나 문맥이 조금 이해가 되지 않아도 그냥 쭉 읽으면서 그 책을 파악해요. 독자 입장에서 책을 읽을 때만 느끼는 글의 인상이나 리듬감이 있잖아요. 문체가 고압적인지 친절한지, 문장의 호흡이 빠른지 느린지, 작품의 분위기가 밝은지 어두운지…… 그리고 번역을 하면서 그 느낌을 가급적 가져가려고 해요. 그런데 이런 느낌이나 인상은 주관적인 거예요. 그러니까 같은 원작이라도 누가 번역했는가에 따라 결과물의 느낌이나 인상은 항상 달라질 수 있어요.

편 원작의 문체를 살려서 번역하는 일이 쉽지 않을 것 같아요.

이 앞에서 말씀드린 것처럼 저는 제가 독자 입장에서 처음 책을 읽어봤을 때 와닿는 인상이나 느낌을 살리고 싶어 해요. 별 것 아닌 것 같지만 저에게는 중요한 문제인데, 이게 마음처럼 되지 않을 때가 많아요. 예를 들어 작가의 문체가 거칠고 어색하다고 느껴져서 그런 쪽으로 번역하고 싶은데 출판사는 가독

역자 교정을 보는 동안의 책상 풍경.

성 있고 매끄러운 번역문으로 바꾸고 싶어 할 수도 있어요. 그럴 때는 편집자와 협의해서 나은 방향을 찾아가야 해요. 하지만 번역의 문체를 결정하는 것, 즉 책을 읽는 호흡을 선택하고 구현하는 것은 원칙적으로 번역가의 몫이에요.

편 번역하는 스타일은 번역가에 따라 차이가 있나요?

이 그런 것 같아요. 저는 처음부터 끝까지 빠르게 읽고 난 다음에 한 문장 한 문장 번역하기 시작해요. 그리고 저는 빠르게 읽어 내려갈 때만 떠오르는 역어들이 있더라고요? (웃음) 이때 떠오른 역어들을 대충 메모해놓고 본격적으로 한 문장씩 번역할 때 참고해요. 이렇게 번역을 끝내면 초고가 나와요. 저는 초고가 완성되면 수정이 많지 않은 편이에요. 앞에 있는 문제를 해결하지 못하면 앞으로 나아가지 못하는 사람이 있잖아요. 제가 그런 성향이라 문제가 있으면 꼭 해결하고 넘어가야 해요. 심지어 어떻게 번역하는 게 좋을지 결정하지 못해서 표시해놨다가도 그 문제가 계속 머릿속에 맴돌아서 아무 때라도 해결 방법이 떠오르면 그 즉시 앞으로 돌아가서 수정을 해요. 그래서 초고가 완성됐을 때는 해결하지 못한 부분이 거의 없고 그냥 쭉 읽어보기만 하면 되는 정도예요.

편 퇴고는 어떻게 하시나요?

이 퇴고할 때는 쭉 읽으면서 조금 손을 보는 정도에서 끝내요. 그런데 사람에 따라서 퇴고하는 방식은 천차만별 같아요. 초고를 아주 빠르게 만들고 퇴고를 여러 번 하는 분들도 있는 걸로 알아요. 음, 번역가들과 편집자들이 하는 말 중에 '원판 불변의 법칙'이라는 게 있어요. 원고의 원판이 일단 만들어지면 아예 재번역을 하지 않는 이상 어떻게 고쳐도 쉽게 바뀌지 않는다는 말이에요. 그런데 저도 차라리 초고에서 고민하는 게 낫지, 초고에 빈 부분을 남겨놓고 나중에 그걸 보완하거나 수정해서 원고를 더 낫게 만드는 게 훨씬 어렵더라고요. 그래서 처음부터 고칠 것이 많이 없게 하자는 자세로 작업하는 편입니다.

편 원고를 가지고 출판사 편집자와 회의도 하시나요?

이 책의 종류에 따라 과정이 조금씩 다 달라요. 역자 교정 한 번만 보는 원고가 있는가 하면 어린이책은 한 줄 한 줄 편집자와 읽어가면서 수정하기도 해요. 어린이책은 소리내어 읽을 때 자연스러워야 해요. 입말, 즉 자연스러운 구어체가 되어야 하죠. 그래서 한 줄 한 줄 읽으면서 어색한 부분이 있으면 그 자리에서 수정해요. 또 어린이책은 차별에 대한 언어가 쓰이지 않았는지 세심하게 살펴요. 사실 15~20년 전만 해도 '병신', '뚱뚱하다' 같은 단어도 그냥 사용되곤 했어요. 그런데 지금은 누군가에게 불쾌할 수 있는 차별적 표현이나 부정적 표현을 삼가는 것이 상식이지요. 어린이책 편집자들은 수백 권의 책을 낸 전문가라서 일반인보다 이러한 언어에 민감하고 어떤 표현이 문제가 될 수 있는지 잘 알아요. 저도 어린이책을 꽤 많이 번역했기 때문에 원문에 엄연히 존재하고 내용의 흐름에

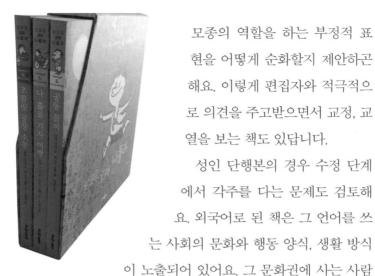

모종의 역할을 하는 부정적 표현을 어떻게 순화할지 제안하곤 해요. 이렇게 편집자와 적극적으로 의견을 주고받으면서 교정, 교열을 보는 책도 있답니다.

성인 단행본의 경우 수정 단계에서 각주를 다는 문제도 검토해요. 외국어로 된 책은 그 언어를 쓰는 사회의 문화와 행동 양식, 생활 방식이 노출되어 있어요. 그 문화권에 사는 사람이라면 당연히 알 수 있는 단어나 사람, 또는 그 사회의 이슈나 현상이지만 다른 문화권에 사는 사람들은 그게 뭔지 알 수 없는 경우가 많아요. 몰라도 글의 흐름을 따라가는 데 어려움이 없는 것도 있지만, 그게 뭔지 알았을 때 더 잘 이해할 수 있는 것도 있죠. 그 나라에서는 일상에서 사용하는 제품인데 우리나라 사람들은 모를 것 같은 것, 그 나라 사람들이 좋아하는 영화나 드라마, 노래가 나오는데 우리는 모르는 것들이라면 각주로 알려주는 거예요. 그런데 제가 오랫동안 프랑스 책을 꽤 많이 번역하다 보니 '이 정도는 독자들이 알겠지?'하고 넘어가는 것이 있어요. 편집자가 그런 것들을 지적해서 각주를 달아야 한다고 의견을 주면 제가 각주 내용을 작성하지요. 각주를 따로 달지 않고 본문의 일부처럼 자연스럽게 읽을 수 있도록 처리하기도 하고요.

편 저도 번역서를 보면서 어떤 단어가 의미하는 게 뭔지 모를 때, 사람 이름이 나왔는데 그 사람이 누구인지 모를 때 각주를 보면 책의 내용을 이해하는 데 도움이 되더라고요. 그런데 가끔은 이런 것은 굳이 번역하지 않아도 되지 않을까 싶은 것도 있어요.

예쁜 글과 그림이 어우러진 책을 작업할 때는 특별한 즐거움이 있어요.

이 번역도 시대의 변화를 반영해요. 예전에는 고유명사인데도 우리나라 사람들이 모를 것 같으면 우리말로 바꾸는 경우가 많았어요. 제가 번역했던 책 중에 『길 위의 소녀』라는 소설이 있어요. 거기에 '누텔라 Nutella'라는 제품이 나와요. 처음 번역했을 때는 이 제품이 우리나라에 잘 알려지지 않아서 '누텔라'라는 고유명사 대신 '초콜릿 스프레드'라고 번역했어요. 그런데 개정판을 낼 때 새로 바뀐 편집자가 그냥 고유명사를 쓰자고 하더라고요. 제품 이름이고 우리나라 사람들이 많이 알고 있으니 굳이 번역할 필요 없다는 거죠. 이렇게 같은 작품인데 초판과 개정판이 다를 수 있어요.

편 교정을 볼 때 특히 잘 봐야 하는 것이 있나요?
이 교정은 저도 보고 출판사 편집자도 봐요. 비문이나 오, 탈자가 없는지 살피고 문장과 내용의 흐름을 보는 것 외에도 제가 제2외국어 번역가이기 때문에 좀 더 주목하는 부분은 번역서에 노출되는 원어의 표기예요. 프랑스어는 영어에는 없는 특수 문자가 여러 개 있는데, 가끔이지만 편집자들이 특수 문자의 오, 탈자를 놓치는 경우가 있어요. 우리글도 '님'이라는 글자와 '남'이라는 글자가 다르듯이 프랑스어도 점 비슷한 악상 accent 하나가 찍히느냐 마느냐, 앞에 있느냐 뒤에 있느냐에 따라 완전히 다른 뜻이 돼요. 이런 문자의 차이에 익숙하지 않은 편집자는 오타를 놓칠 수 있어요. 참고 문헌에 오타가 있는 경우도 더러 있고요. 그런 부분은 해당 언어에 익숙한 제가 좀 더 꼼꼼히 봐야 하지요. 그리고 번역가는 책이 출간된 후에도 한 번은 읽고 오, 탈자가 보이면 중쇄 찍을 때 수정해 달라고 출판사에 요청해요.

외국어를 우리말로 옮길 때 중요한 것은 무엇인가요

편 외국어와 우리말은 차이가 있어요. 적절한 역어를 찾아 문장을 만드는 일이 쉽지는 않을 것 같아요. 이럴 때 번역가는 어떤 고민을 하나요?

이 외국어와 우리말은 일대일 대응 관계가 아니에요. 외국어한 단어에 우리말은 여러 단어가 있을 수 있고, 우리말에는 없는 표현도 있고, 거꾸로 우리말에는 있는데 대응하는 외국어가 없는 예도 있죠. 예를 들어 에스키모어에는 눈을 가리키는 단어와 눈이 내리는 상황에 관한 표현이 굉장히 많다고 하는데 우리말에는 그런 표현이 그렇게까지 많지 않아요. 또 우리말에는 색깔과 관련한 부사가 많은데 외국은 그렇게까지 많지 않거든요. 파란색을 표현한 단어의 예를 들어볼게요. 영어나 프랑스어는 파란색에 사물의 이름을 붙여서 색의 다름을 표현해요. 'Turkish Blue-터키시 블루(터키풍의 파란색)'나 'Metallic Blue-메탈릭 블루(금속성 파란색)'처럼 특정한 파란색의 특정한 색조나 질감을 표현한 단어들이 있는데, 우리말은 같은 색이라도 전혀 다른 방식으로 표현하지요. 문화적 차이에서 발생한 언어적 차이인 거죠. 이렇게 언어와 언어 사이, 문화와 문화 사이에는 대응 관계가 엄밀하게 맞아떨어지지 않기 때문에 우리말로 옮길 때는 현재 이 맥락에서 가장 중요한 게 무엇인가를 고려하여 선택해야 해요.

편 번역은 선택의 연속이라는 말씀이네요.

이 네, 번역가에게는 좀 수동적인 이미지가 있지만 저는 번역가는 판단의 주체이자 선택을 하는 사람이라고 생각해요. 우리말과 가까운 일본어는 우리와 언어와 문화의 간격이 크지 않아요. 일본 소설을 번역할 때는 우리말에 착 달라붙는 느낌이라 우리나라 독자들이 읽기 쉬워요. 그런데 영어나 프랑스어, 독일어 같은 서양의 언어는 명사 중심의 언어이고 우리말은 동사 중심의 언어라는 큰 차이가 있어요. 또 프랑스어는 영어보다 관념적인 추상명사가 더 많아요. 그래서 프랑스에서는 대중적인 책인데도 우리말로 번역해 놓으면 그렇게 대중적인 느낌이 안 나올 때가 많아요. 이를테면 '늙음이 내 어깨에 드리우는 무게'라는 표현은 어색하게 느껴지지만 여기서 오는 추상적이고 관념적인 이미지를 선호할 수도 있어요. 외국어 원문의 통사 구조는 기본적으로 우리한테 좀 낯설지만, 그 낯섦이 좋아서 살리고 싶을 때도 있고요. 거기에 우리의 사유를 자극하는 어떤 것이 있을 수도 있으니까요. 이렇게 원문과 우리말 사이에서 항상 갈등하고 선택하는 게 번역이에요.

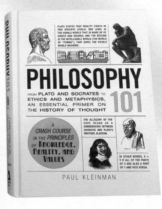

학부 시절 전공인 철학과 관련된 작업은 늘 지적 자극을 줍니다.

편 철학을 비롯한 학술서는 우리말로 번역하기 어려운 것도 있지 않나요?

이 앞에서도 말했듯이 프랑스어에는 관념적인 추상명사가 많은데요, 그중에서도 철학의 개념들은 정확히 우리말로 옮길 수 없거나 개념 자체는 웬만큼 번역되지만 우리말 문장에 잘 안 녹아날 수도 있어요. 그래서 우리말로 번역된 글인데도 잘 읽히지 않고 이해하기 힘든 책들도 있어요. 차라리 원서로 읽는 게 낫겠다는 생각이 들 정도로 한글인데 외국어보다 더 이해가 안 되는 거죠. 이 경우에도 의미를 해치지 않는 선에서 원어의 낯선 느낌을 어디까지 살리고 어디까지 우리말에 녹여낼 것인가를 선택하는 게 번역가가 할 일이에요. 꼭 프랑스어 책이 아니라도 외국 문화에 관한 책이나 우리나라 대중에게 조금 생소한 담론이 담긴 책은 어떤 방향으로 번역해야 하나 고민하지 않을 수가 없어요. 사회성이 짙은 책은 사회에 이바지하는 방향으로 쓰일 수 있는데, 그러려면 번역이 도움이 되는 방향으로 되어야 하지 않겠어요? 한 책을 오랫동안 붙들고 있을 수는 없으므로 짧은 순간에 어떤 선택을 할 것인가 고민해요. 모든 문장이 그렇다는 것은 아니에요. 작업을 하다 보면 선택해야 할 순간이 한 번씩 오는 거죠.

[편] 번역서를 읽는 독자는 '번역이 잘못된 건 아닌가?'하는 의심을 한 번쯤은 해보는 것 같아요. 왜 그럴까요?

[이] 실제로 번역이 좀 잘못됐을 수도 있고 번역가가 억울한 경우도 있고 그래요. 한국어가 모국어인 작가들도 한국어로 쓴 문장이 어색하거나 뜻이 모호할 때도 있잖아요. 번역서도 마찬가지로 원작자가 그렇게 쓴 것을 번역했을 뿐인데, 번역 과정에 오류가 있어서 이해가 되지 않는 거라고 오해하기도 해요. 그리고 언어의 차이가 만들어내는 번역의 한계도 분명히 존재해요. 프랑스어는 추상명사가 발달했다고 말했는데, 우리말로는 한 문장 또는 여러 문장으로 설명해야 하는 현상이나 생각이 한 단어에 들어 있는 경우도 있지요. 어떻게 보면 한자와 비슷하죠. 프랑스어에 동양의 '무(無)'라는 개념과 비슷한 명사가 있어요. 예를 들어 '무가 나를 삼켰다'라는 문장이 있다고 해봐요. 프랑스어는 추상명사도 주어로 즐겨 사용하기 때문에 무도 주어가 되는 거죠. 그런데 우리말은 추상명사를 주어 자리에 잘 두지 않기 때문에 '아무것도 없음'이 나를 삼킨다는 데 무슨 뜻이지, 라는 식으로 모호함이 남아요. 하지만 어떤 나라 말에서는 추상명사가 주어 자리에 있는 문장이 어색하거나 모호하지 않은 거죠. 프랑스어는 존재론이나 형이상학 같은 철학적 사고가 발달하는데 유리한 언어라고 생각하지만,

우리말로 옮길 때는 어려움이 많아요. 번역가가 그걸 아무리 메꾸려고 노력해도 안 되는 부분도 있고, 우리가 그런 사고에 익숙하지 않기 때문이기도 하고요. 독자들도 이런 한계를 수용하고 번역서를 봤으면 좋겠어요.

제가 오역을 지적받은 후 실수를 바로잡고 사과한 적도 있지만 오역을 지적한 사람이 오히려 틀린 경우도 있었어요. 또 원래 난해한 책이라 웬만한 배경지식이 있어야 읽을 수 있는 책인데 번역을 잘못해서 난해하다고 불평하는 사람도 있죠. 어떤 때는 저 자신도 만족스럽지 않게 처리된 부분을 편집자가 문제 없다고 모니터링하기도 해요. 책 한 권이 번역되어 나올 때는 여러 가지 사정이 있게 마련이에요. 오역이라고 생각할 수 있는 것이 그냥 선택의 결과일 수도 있어요. 물론 진짜로 번역을 잘못한 경우도 있고요. 제가 잘못 생각했다는 걸 알았을 때는 빠르게 인정하고 바로잡는 게 최선이고, 제 선택에 잘못된 부분이 없다면 더 이상 신경 쓰지 않아요.

편 출발어를 도착어로 옮기는 과정에서 완벽하게 일대일 대응이 어렵다는 말이 이해가 되네요.

이 번역가는 작가의 독특한 문체를 살리고 싶은 마음이 간절하지만 절대로 완벽하게 살릴 수 없다는 걸 알지요. 그럴 수 있다는 건 환상이고 번역은 항상 근사치예요. 어떤 번역학자가 쓴 글에서 "사람이 항상 맞춤옷만 입고 살 수 없다"라는 비유를 본 적이 있어요. 내 몸에 꼭 맞는 옷이 나를 가장 아름답게 빛내는 것도 아니고요. 약간 헐렁한 오버핏이나, 재단의 상궤에서 약간 벗어난 옷도 오히려 멋스러울 수 있죠. 번역도 그래요. 원문을 백 퍼센트 완벽하게 번역한다는 건 허상이에요. 가능하면 원문에 가깝게 선택하고 결정하는 과정이고, 거기서 가끔 꽤 아름다운 효과가 빚어지기도 한답니다.

편 우리나라 지방마다 사투리가 있듯이 외국어도 마찬가지인데요. 사투리가 섞인 책은 어떻게 번역하나요?

이 문학작품 안에 사투리가 섞여 있는 건 자연스러운 거예요. 그런데 외국 문학 속 사투리를 번역하는 건 상당히 어려운 작업이에요. 외국 사투리를 우리나라 사투리 중 하나로 번역하는 것도 하나의 선택이에요. 하지만 외국 배경의 이야기에 친숙한 우리나라 사투리가 나오니까 거슬린다는 의견도 있죠. 다른 하나는 원문에 나오는 음성적 특성을 살려서 옮기는 거예요. 독일어의 억양이 있는 프랑스어라면 독일어 발음의 특징인 '흐', '해스', '콰'와 같은 어미를 넣는 방식으로 번역하기도 해요. 예를 들면 독일인이 프랑스어로 말하는 "밥은 드셨습

프랑스에서는 대중을 위한 철학 에세이가 많이 출간되는 편입니다.

 우리나라 책의 예쁘고 개성있는 표지는 외국 저자들도 좋아한답니다.

전 세계의 책을 우리말로 풀어내는 멋진 직업
출판번역가

니까?"를 "밥은 드셨으니꽈?"로 하는 거죠. 독일어 악센트가 많이 남아 있는 프랑스어를 표현한 건데 읽을 때 거슬리기도 하지만 그 또한 하나의 정당한 선택일 수 있어요. 만약에 이렇게 말하는 인물의 대사가 적다면 '독일어 억양이 심한 프랑스어를 구사한다'라는 문장을 앞에 제시하고 대사는 표준어로 쓸 수 있어요. 그런데 대사가 많을 때 계속 표준어로 표현한다면 원문과 느낌이 많이 달라지잖아요. 그 느낌을 살려야 한다면 이런 선택은 충분히 합리적이지요.

◉ 언어의 차이 때문에 번역할 수 없는 책도 있을 것 같아요.
◉ 언어의 차이라기보다는, 일례로 문자를 그래픽처럼 만드는 책이 있어요. 그런 책은 한글로 표현이 가능한지 그 여부를 고민하고 따져보고 판단해야 해요. 한글로만 표현할 수 있는 그래픽이 있듯이 알파벳이 아니면 불가능한 그래픽도 있어요. 어떻게 해도 비슷한 느낌을 살릴 수가 없는 언어라면 어쩔 수 없겠지요. 또 언어유희라고 하죠. 사람은 언어를 가지고 놀고자 하는 본능이 있어요. 드라마에서 '우영우, 역삼역'처럼 앞으로 읽어도 뒤로 읽어도 같은 단어를 나열하는 주인공을 보고 웃음이 나잖아요. 우리말로 다섯 글자 놀이라든가, 끝말잇기 등이 있는 것처럼 외국어도 언어유희의 성격이 강한 책이 있

어요. 이런 책은 형식을 번역해야 하는 거예요. 여기서도 제일 중요한 것은 옮길 수 있는 것과 옮길 수 없는 것을 고민하고 따져보고 판단하는 거죠. 할 수 있다는 판단이 들면 어떻게든 표현하겠지만 너무 억지스럽게 번역하지는 않으려고 해요. 번역은 의미 표상, 즉 문장이 전달하고자 하는 바를 다른 언어로 옮기는 일이에요. 그런데 내용을 번역하면 형식을 맞출 수 없고 형식을 번역하면 내용을 고쳐야만 하는 책도 있긴 있어요. 정말로 형식이 중요한 책이라면 내용을 다소 수정해서라도 형식을 살려야겠지요. 흔하게 있는 일은 아니지만 그런 책도 가끔 있어요.

번역에 앞서 검토해야 할 사항이 있나요

편 번역에 앞서 책을 검토하고 준비해야 할 것도 있을 것 같아요. 어떤 준비를 하시는지 궁금해요.

이 책을 받으면 출판사 편집자와 번역의 방향을 정하고 작업을 시작해요. 책의 성격에 따라, 또 독자층에 따라 번역의 방향이 조금 달라질 수 있어요. 방향을 결정할 때는 출발어에 힘을 주어야 하는 책인가, 도착어에 힘을 줘야 하는 책인가, 내용 전달이 중요한 책인가, 저자의 문체와 사상이 중요한 책인가, 독자를 배려해야 하는 책인가, 아니면 읽을 사람은 읽을 것이라고 예상하고 독자의 역량에 맡겨야 하는 책인가 등을 고려해요. 그에 따라 각주를 많이 달아서 독자의 이해를 도울 것인가, 대중이 읽을 수 있도록 문장을 순화해서 만들 것인가도 결정돼요. 철학책을 예로 들어볼게요. 전공자를 위한 전문서라면 원주나 서지사항도 꼼꼼하게 처리하고 문장을 너무 쉽게 풀어 쓰지 않으려고 해요. 저자의 생각을 최대한 충실하게 옮길 수 있으면 좋겠다고 생각하지요. 그런데 대중서로 나왔다면 일반 대학생이나 독서력이 있는 고등학생이 무리 없이 읽을 수 있도록 문장을 만들어요.

번역 원고가 완성되면 편집자와 회의해서 설정한 방향에 맞는지 검토해요. 이때 편집자의 모니터링이 저에게 큰 도움이 돼요. 번역을 일상적으로 많이 하다 보면 저 혼자만의 해석에 빠져 있거나 독자의 입장을 간과할 수도 있거든요. 그리고 지식의 난도가 매우 높은 책이라면 감수자를 꼭 붙여달라고 출판사에 부탁해요. 저는 일반인도 자료를 보면 알 수 있는 배경 지식 정도로만 작업을 하기 때문에 전문성이 높은 책은 감수자를 필요로 해요.

번역의 방향성을 결정하는 요인은 무엇인가요

편 책에 따라 번역의 방향이 달라진다고 하셨어요. 어떻게 달라지는 건가요?

이 저자가 특히 중요한 책이 있어요. 저자를 살리는 번역이라고 할까요. 문체가 중요한 작가, 독자들이 작품 세계를 뚜렷이 알고 있는 작가라면 그 작가의 개성과 분위기를 최대한 살려야 해요. 독자를 어느 정도 배려하기는 하지만 그런 책에서는 모호한 것을 굳이 명쾌하게 하려 하지 않아요. 그 모호함도 저자의 의도일 수 있으니까요.

편 저자의 의도를 읽는다는 것은 쉽지 않은 일 같아요.

이 사실 저자의 의도를 완벽하게 아는 것은 불가능하죠. 모든 문장을 그렇게 의도를 고민하면서 번역하지도 않고요. 하지만 때로는 저자의 이력이나 사상, 시대적 배경을 참고해서 이런 의도가 아닐까라는 추측은 할 수 있지요. 저자가 공산당에 가입해 활동했던 이력이 있다거나, 사상적으로 실존주의자라는 것을 알고 있으면 '이 사람은 이런 뜻으로 이런 말을 했겠구나' 싶은 부분이 있어요. 어차피 근사치이지만 그런 식으로 조금은 더 저자에게 다가가는 거죠.

편 앞에서 도착어가 중요한 책도 있다고 하셨어요. 어떤 책이 그런가요?

이 도착어에 초점이 있다는 말은 한국어 구사력이 중요하다는 말이에요. 청소년책이나 어린이책이 그런 경우죠. 특히 어린이책은 글말뿐만 아니라 입말에도 힘을 실어야 해요. 실제로 번역한 글을 읽으면서 운율이 느껴지는지, 의성어와 의태어는 적절한지 등을 확인하고요. 어린이책 편집자들은 원문에 없는 의성어, 의태어도 번역에 집어넣는 편이 우리말의 특성상 적합하다고 보기도 해요. 예를 들어 원문은 그냥 '가슴이 뛰었다'라는 문장인데 그 연령대 독자가 사용하는 말에 가깝기 위해서, 또한 입말의 재미를 위해서 '가슴이 콩닥콩닥했다'라고 할 수 있는 거죠. 또 어떤 어린이책은 어른과 아이가 퍼포먼스를 하면서 읽게 되잖아요. 〈사과가 쿵!〉이라는 그림책을 읽다 보면 저절로 사과가 묵직하게 떨어지는 모양을 손짓으로 표현하게 돼요. 그래서 이런 책을 만나면 그 느낌을 극대화할 수 있도록 편집자와 머리를 맞대고 애를 쓰죠.

편 어린이책은 글이 적어서 번역이 쉬울 것 같은데 그게 아닌가 봐요.

부천만화축제에 방한한 <설국열차> 작가들과 함께.

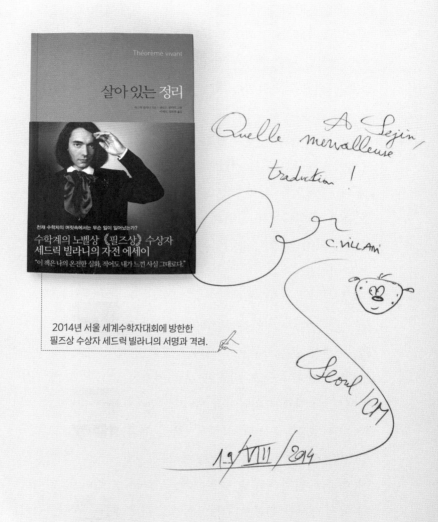

2014년 서울 세계수학자대회에 방문한
필즈상 수상자 세드릭 빌라니의 서명과 격려.

전 세계의 책을 우리말로 풀어내는 멋진 직업
출판번역가

이 글의 분량이 적어서 많이들 그렇게 생각해요. 물론 '벽돌책'이라고 불리는 두꺼운 책보다는 작업도 빨리 끝나니까 부담은 적지만 다른 책에서는 하지 않는 고민을 한다는 차이가 있죠. 그리고 어린이책은 국어 순화도 훨씬 까다롭게 해야 하고 맞춤법과 띄어쓰기는 교과서에 맞춰야 해요. 언어는 변화하는 것이라 맞춤법과 띄어쓰기에서 두 가지 또는 그 이상의 용법이 모두 허용되는 것들이 있어요. 예를 들면 '해주세요'는 '해'와 '주세요'를 띄어 쓰는 게 원칙이었지만 지금은 붙여 써도 틀린 게 아니에요. 그런데 교과서에 이런 구절은 모두 띄어쓰기가 되어 있어요. 그러면 어린이책은 교과서 기준에 맞추는 편이지요.

편 만화 종류도 번역하셨는데, 옮길 때 어려운 점이 있나요?
이 그래픽 노블 Graphic Novel 이라고 만화 형식이지만 만화보다는 글의 비중이 크고, 비교적 긴 이야기를 담고 있는 장르가 있어요. 이 장르는 비언어적 제약(말풍선의 크기)과 준언어적 제약(인물의 몸동작, 표정, 배경의 특기 사항)을 신경 써야 해요. 그렇지만 인간 정신은 그래픽 노블을 볼 때 굉장히 유연하게 작용하기 때문에 번역가도 좀 유연해질 수 있는 것 같아요. 번역하면 어떤 대사는 원문보다 짧아지기도 하고, 어떤 대사는 길어지기도 해요. 어쨌든 대사가 말풍선 안에 있기 때문에 번역문이 말풍선 안에 적당히 배치되도록 해야 하지요. 독자가 잘 모르는 단어나 표현이 나올 때는 각주를 달아야 하나 고민도 되지만 어린이책이나 그래픽 노블은 기본적으로 각주를 많이 달 수가 없어요. 가능하면 본문 안에서 의미를 전달할 수 있도록 처리하려고 하는 편입니다.

원문의 내용을 수정할 수도 있나요

🔲 외국어 책을 우리말로 옮길 때 원문의 내용을 그대로 번역해야 하나요? 아니면 원문을 어느 정도는 수정할 수 있는 건가요?

🔲 외국 출판물을 국내에서 출판할 때 계약서에 현지 실정에 맞게 원문의 10퍼센트 내외에서는 수정이 가능하다는 조항을 두는 경우가 있어요. 왜냐하면 그 나라에서는 보편적인 정서지만 우리 문화에서는 거부감이 들거나 실정에 맞지 않는 부분이 있을 수 있거든요. 그래서 일부 수정을 하거나 삭제를 해도 법적으로 저작권 침해에 해당하지 않아요. 물론 이러한 수정이나 삭제가 일반적이지는 않아요. 현지화를 위해 꼭 필요할 때만 그러한 조치를 취하지요.

🔲 원작은 하나인데 번역 출판하는 현지에 따라 번역본은 다를 수도 있다는 거네요?

🔲 저는 번역을 하면서 영문판과 프랑스어판을 비교해 보기도 하고, 어떤 때는 일본어판도 봐요. 일본어는 잘 모르지만, 한자어를 어떻게 썼는지 보려고요. 이렇게 비교하면 생각보다 원서와 번역서의 차이가 큰 나라들이 있어요. 목차를 바꿔놓

이탈리아어 원서와 프랑스어 번역본을 대조하면서 작업한 책.

전 세계의 책을 우리말로 풀어내는 멋진 직업
출판번역가

았다거나, 프롤로그와 같은 편지가 있었는데 그게 영어판에서는 뒤로 빠져 있는 등 편집자의 재량이 발휘된 것들이죠. 번역 일을 처음 시작할 때는 원서를 무슨 경전처럼 여겼고 거기서 한 치 어긋남이 없어야 하는 것처럼 생각했지요. 하지만 오랜 세월 다양한 번역본을 접하면서 '현지화'의 필요성을 인정하게 됐어요. 작가의 목소리가 중요한 문학은 잘 건드리지 않지만 비문학, 특히 실용서는 원문을 다소 수정해서 가독성을 높이거나 내용을 조금씩 끊어서 소제목을 달아보자고 편집자에게 제안하기도 해요.

편 원작을 수정하면 안 된다고 하는 작가도 있나요?

이 물론이지요. 절대로 문장을 수정하지 않는다는 조건으로 번역 출판 계약을 하는 작가도 있다고 들었어요. 완성된 책을 보내는 게 아니라 책이 인쇄에 들어가기 직전 원고를 보내서 작가 혹은 현지 출판사의 승인을 받는 경우도 많고요. 그런데 어떤 책이냐, 어떤 작가이냐에 따라 달라요. 실용적인 에세이나 대중적인 책은 생각보다 편집자가 관여할 수 있는 부분이 많아요.

편 번역가와 편집자는 어떤 관계인가요?

이 협업을 하는 관계라고 할 수 있겠어요. 저희는 편집자를 실제로 만나지는 않더라도 메일이나 원고를 주고받으면서 협의하는 일이 많아요. 편집자는 책의 내용과 구성에 관해 저자와 회의하고 협의하는 과정을 거쳐 책을 완성하는 직업이에요. 편집자와 번역가는 서로 번역과 편집의 방향을 제안하고, 검토하고, 협의해서 결정해요. 그리고 번역가의 결과물을 편집자가 모니터링하고, 번역가는 그것을 반영해 수정하는 거죠. 예를 들어 편집자가 어떤 책의 일부 내용이 국내 정서상 거부감이 있거나 논란의 소지가 있을 것 같으면 몇 문장을 빼거나 표현을 순화했으면 좋겠다고 제안했을 때 번역가가 수용해서 수정할 수 있죠. 좋은 내용이 많은데 그 부분 때문에 나쁜 평가를 받을 수 있잖아요. 이렇게 책의 완성도를 높이고 독자의 접근성을 높이기 위해 서로 협력하고 있어요.

우리말로 글을 쓸 때 주의할 것이 있나요

편 외국어를 우리말로 옮기는 것도 글쓰기인데요. 글을 쓸 때 주의해야 하는 것이 있나요?

이 번역가가 중요시하는 것 중의 하나는 바른 표현이에요. 비문을 쓰지 않는 거죠. 요즘 사람들이 의식하지 않고 표현하는 것 중에 비문이 꽤 있어요. '얇다/두껍다', '가늘다/굵다'의 쓰임을 예로 들어볼게요. 허리나 팔, 다리같이 길고 통으로 된 물체의 지름이나 폭에 관해 이야기할 때는 '가늘다/굵다'로 표현하는 게 맞고 책이나 옷, 벽같이 주로 평평한 물체의 두께에 관해 이야기할 때는 '얇다/두껍다'로 사용해요. 그런데 요즘엔 '허리가 얇아', '팔이 두꺼워'라고 말하는 사람들이 많아요. 물체의 모양과 특성에 따라 사용하는 표현이 달라야 하는데 구분하지 않고 쓰는 거죠. 여기에는 외국어의 영향도 있을 거예요. 가령 영어의 'thin'은 '얇다'와 '가늘다'라는 두 의미를 다 가지고 있잖아요. 장차 이러한 오용이 표준화된 표현으로 굳어질지 모르지만 세상 사람들이 말을 그렇게 할 때도 글은 바른 표현을 사용해야 해요. 외국어로는 구별되지 않는 것도 우리말로 옮길 때는 구별해서 비문을 만들지 않아야 하지요.

편 외국어를 더 많이 접할수록 우리말과 글도 영향을 받아 표현을 달리할 수 있다는 거네요.

이 그런 변화를 실제로 느끼고 있어요. 요즘 젊은이들은 "했었었어", "그랬었어"와 같이 대과거 시제를 자연스럽게 쓰더라고요. 우리말의 시제에 대과거는 없어요. 그냥 "했어", "그랬어" 이렇게 말했으면 좋겠는데 굳이 대과거를 쓰니까 귀에 거슬리는 게 있어요.

편 요즘엔 의미 전달을 정확하게 하려고 번역하지 않고 외래어를 그냥 쓰는 경우도 있지 않나요?

이 전 세계적으로 사회적인 이슈가 된 용어인데, 그에 대응하는 적당한 역어가 없을 때는 그대로 사용하는 경향이 있어요. 예를 들어 페미니즘 용어로 '백래시 Backlash'가 있어요. 어떤 변화나 움직임에 대해 강한 반발이나 부정적인 반응을 의미하는데, 예전에는 '역풍'으로 번역했는데 지금은 그냥 백래시라고 사용해요. 또 '마이크로어그레이션 Microaggression'이라는 용어는 일상적인 대화나 행동 속에서 무의식적이거나 은밀하게 나타나는 작고 미묘한 차별적 언행을 의미해요. 주로 인종, 성별, 성적 지향, 장애, 나이 등의 사회적 정체성을 기반으로 타인에게 상처를 주거나 무시하는 방식으로 나타나는데, 이것을 '미소 공격'으로 번역해야 하나 고민했어요. 마이크로는 아주 작다는 뜻이라 한 단어로 표현하면 미소(微少)가 되고, 어그레이션은 공격적이거나 적대적인 행동 또는 태도를 뜻하니까 공격으로 번역하는 거예요. 그런데 미소가 아주 작다는 뜻인지, 웃는다는 뜻인지, 미국과 소련을 줄인 말인지 직접적으로 와닿지 않을 수 있어요. 여러 단어를 조합해서 만든 용어라 의미 전달력이 떨어지는 거죠. 그래서인지 지금은 원어를 그대로 쓰더라고요. 이렇게 사회적 담론을 견인하는 용어가 현지어를 그대로 가져옴으로써 대중화되고 파급력을 얻는 경우도 있지만 한편으로 우려되는 부분도 있어요. 이런 용어들이 남용되면 조사와 어미 빼고 다 외국어로 말하는 인상을 줄 수 있고 해당 담론이 어느 한 집단의 전유물처럼 될 수도 있거든요. 가령 옛날에 외국에서 오랫동안 유학하고 돌아온 교수님들 중에는 '그 사람이 너무 젠틀하다'는 쉬운 단어부터 학술 용어까지 모두 외국어를 쓰고 우리말은 그 단어들을 연결하는 정도로만 사용하는 분도 있었어요. 그래서 저는 사회적으로 널리 알려져야 할 사상이나 현상을 정확히 지칭하기 위한 외국어의 사용과 우리말로 순화하려는 시도 사이에서 우리가 좀 더 깊이 고민해야 하지 않나 생각해요.

편 번역가는 적절한 우리말 표현으로 옮기는 일을 한다고 단순하게 생각했는데, 때로는 국어학자처럼 국어 순화를 해야 한다는 짐을 지고 있는 것 같아요.

이 번역가는 외국어를 우리말로 옮기는 일이면서, 바른 표현이 뭘까 항상 고민하는 사람이에요. 출판번역가라면 누구나 해야 할 일이죠.

번역할 책은 어떻게 선택하나요

편 번역할 책은 어떻게 결정하는지 궁금해요. 출판사로부터 번역 제안을 받는 건가요?

이 번역가의 이력에 따라 다른 것 같아요. 이 일을 처음 시작하거나 연차가 얼마 되지 않은 번역가는 번역 출판을 직접 기획해서 출판사에 제안하는 경우도 많아요. 예를 들어 번역에 관심 있는 사람이 어떤 외국책을 읽었는데 너무 좋아서 우리말로 번역이 되면 좋겠다는 생각이 들었다면 이 책의 저작권이 살아있는지 먼저 알아봐야 하겠지요. 저작권이 아직 안 팔린 것을 확인했다면 그 책에 관심을 보일 만한 출판사에 기획서를 보내요. 기획서를 낼 때 책의 일부 혹은 굉장히 많은 분량을 번역해서 보내는 사람들도 있어요. 채택되면 실질적인 작업에 들어가겠지요.

번역가로서 연차가 쌓이면 의뢰를 받는 경우가 더 많아요. 이력에 따라 의뢰가 오는 경우가 대부분이에요. 예를 들어 과학 분야의 책을 번역한 적이 있다면 다른 과학책의 번역 의뢰가 들어올 가능성이 높은 거죠. 또 어떤 작가의 작품을 번역한 적이 있는데, 그 작가가 신작을 냈다면 같은 번역가에게 번역 의뢰가 들어올 확률이 높아요.

서점에서 자신의 역서를 발견할 때는 군중 속에서
아는 얼굴을 찾은 기분이 되지요.

전 세계의 책을 우리말로 풀어내는 멋진 직업
출판번역가

편 의뢰를 받으면 할지 말지 검토하시는 건가요?

이 제가 선택할 때도 있고 주어질 때도 있어요. 저는 책을 받으면 일단 속독을 하면서 대충 파악을 한 다음, 제가 할 수 없겠다는 생각이 들면 거절해요. 작품을 까다롭게 가리진 않지만 별로 하고 싶지 않거나 제가 하기에는 힘들 것 같은 책이 있어요. 거의 자동으로 하게 되는 책도 있는데요, 주로 이미 번역했던 작가의 다른 작품이 그렇지요.

편 다양한 분야의 책을 번역하셨어요. 뇌과학, 심리학, 철학, 수학과 같은 전문 분야의 비문학도 하셨고, 어린이책도 많이 하셨는데요. 선생님이 번역할 책을 고르는 기준이 궁금해요.

이 저는 특별히 분야나 장르를 고르지는 않아요. 처음 이 일을 시작할 때는 문학 번역을 하고 싶다고 생각했어요. 제가 번역을 시작한 1990년대는 프랑스 문학이 많이 출판되었거든요. 당연히 그렇게 되겠지 여겼는데, 시간이 지나면서 프랑스 문학보다는 인문, 예술, 과학 분야의 책 수요가 증가했어요. 대부분의 프랑스어 번역가는 문학 전공자이고 문학 번역을 선호해요. 반면, 저는 학부 전공이 문학이 아니기도 하고 원래 독서 취향이 잡식성이었어요. 그러다 보니 문학 아닌 비문학도 즐겨 작업했고 원래 어떤 분야를 작업하면 그 분야의 비슷한 책

이 의뢰가 올 확률이 높기 때문에 상대적으로 다양한 분야를
하게 된 거죠.

다양한 분야의 책을 번역하는 이유가 따로 있나요

편 한 분야로 한정하지 않고 다양한 분야의 책을 번역하는 이유가 따로 있나요?

이 음, 영어 번역 출판 시장은 규모가 커요. 그래서 영미 소설을 전문으로 하는 번역가는 소설만 번역하더라도 어느 정도 수요가 있어요. 그런데 프랑스어나 독일어 같은 제2외국어는 수요와 공급이 그렇게 크지 않아요. 제가 만약 문학 번역만 고집했다면 원하는 만큼 일을 많이 할 수 없었을지도 모르겠네요. 그리고 번역가 중에는 대학에서 학생들을 가르치거나 다른 일을 하면서 번역을 겸하는 분들도 있는데, 저는 다른 일은 전혀 하지 않고 번역만 하는 전업 번역가예요. 만나는 사람도 한정적이고 일상도 단조로운데 다양한 분야의 책을 번역하는 재미라도 있어야 하지 않을까요. 오히려 순수한 독자로서는 선뜻 손이 가지 않았을 책을 일로 하면서 새로운 것도 배우고 흥미를 느낄 때가 많아요.

처음부터 취향 없이 작업을 하려던 것은 아니었는데, 결과적으로 현재는 취향이 없는 것처럼 되었네요. 어떤 선배 번역가는 철저하게 본인의 취향에 맞는 책만 선택한다고 하셨어요. 농담으로, 책하고까지 싸우며 살 수는 없다고, 그래서 본인

마음에 꼭 맞는 책만 한다고 하시더군요. 그런데 저는 저자에게 짜증 내면서 번역할 때도 있긴 하지만 그 과정에서 예기치 못한 재미나 비판의 근거를 얻을 때가 많아서 저와 생각이 다른 저자의 책을 번역하는 데 거부감은 없어요.

편 이렇게 다양한 분야의 번역 의뢰가 들어오는 이유는 뭐라고 생각하세요?

이 앞에서 말씀드렸듯이 다른 프랑스어 번역가들이 아무래도 문학을 선호하기 때문에? 솔직히 다른 번역가들이 하지 않겠다고 한 책이 저한테 오는 경우도 꽤 있어요. 그리고 첫 단추를 이것저것 끼웠기 때문에 그 연쇄작용으로 이것저것 하게 된 것 같아요. 결국 출판사나 편집자도 번역 의뢰를 할 때는 그 번역가의 기존 역서 목록을 보게 마련이니까요.

편 선생님이 호기심이 많은 분이라 그런 것 같기도 해요. 번역하기 어려운 특이한 책도 번역하셨던데요.

이 독특한 형식에 따라 쓰인 작품으로 그 형식을 그대로 옮겨야 하는 책이 있었어요. 그것도 서정적인 느낌을 그대로 살려서 말이죠. 이런 책들은 연구자가 아닌 전업 번역가가 제한된 시간 내에 번역하기에 좀 버겁게 느껴지기도 하지만 어쨌든 작업을 해보면 저의 표현력과 문제점, 그리고 번역 자체가 가지고 있는 특성 등에 대해서 많이 배워요. 일을 하면서 일에 대한 이해도가 더 높아가는 느낌이죠. 그래서 저는 앞으로도 다양한 시도를 해보려고 해요. 힘든 만큼 또 얻는 게 있으니까요.

편 그래도 이것만은 하지 않는다는 게 있다면요?

이 제 배경지식의 한계 너머에 있는 분야는 하지 않아요. 예를 들면 IT 분야의 책 같은 거죠. 저는 IT 분야를 전혀 모르는데 구글의 딥러닝 구조를 설계했다는 얀 르쾽(Yann LeCun)이 쓴 책의 번역 의뢰가 왔어요. 읽어보니 이건 제가 참고 자료를 읽고 검색에 의존해서 이해할 수 있는 수준이 아니라서 거절했어요. 그리고 자기계발서 중에서도 어느 정도 수준이 있는 책이 있는가 하면 동어반복이 심하고 지적인 자극이 거의 없는 책도 있는데, 후자는 웬만하면 안 해요.

번역 저작권은 무엇인가요

편 번역가가 가지는 저작권은 무엇이고, 어떻게 행사할 수 있나요?

이 번역도 원저작물을 바탕으로 한 2차 저작물로 인정되기 때문에 번역자는 자신의 번역물에 대해 저작권을 가져요. 그러나 번역물은 원저작물에 의존하는 것이라 원저작권자의 권리가 존중되어야 해요. 그래서 번역자가 번역물을 상업적으로 이용하거나 배포하려면 원저작권자의 동의가 필요하죠. 그리고 현실적으로는 번역자의 권리를 포괄 양도하는 조건으로 계약서를 쓸 때가 많지요.

우리나라 출판사가 번역 저작권 계약을 하면 보통은 기한이 있어요. 계약한 날로부터 언제까지 책을 내야 하고, 책이 나온 후 몇 년이 지나면 저작권이 소멸한다는 내용을 미리 정하는 거예요. 저작권 소멸 기한은 보통 5년 정도이고, 기한이 지나면 책이 남아도 판매할 수 없어요. 모든 책이 그런 것은 아니지만 생존 작가의 작품인 경우는 대체로 이 정도의 기한으로 번역 출판 계약을 해요. 일반적으로 저작권 보호 기간은 저작자가 사망한 후 70년간 유지돼요. 보호 기간이 끝난 이후에는 별도의 허가 없이 2차 저작물 제작이 자유로워지죠.

PUBLISHING TRANSLATOR

출판번역가가
되는 방법

어떤 성향의 사람이 이 직업과 잘 맞을까요

편 이 직업은 어떤 성향의 사람과 잘 맞을까요?

이 출판번역가는 무조건 책을 좋아해야 해요. 영상번역가나 기술번역가는 어떨지 모르지만, 출판번역가는 책에 대한 사랑으로 모든 어려움을 이겨내는 일이라고 해도 과언이 아니에요. 단순히 읽는 행위가 좋다는 정도가 아니라 책이라는 매체를 좋아하고, 책의 호흡을 즐기고 거기에 익숙할수록 일을 하기가 수월해요. 그래서 책에 대한 사랑은 아무리 강조해도 지나치지 않은 것 같아요.

그리고 혼자 있는 시간을 견딜 수 있어야 해요. 그 시간이 길어질 때 힘들어 하는 사람이라면 좀 맞지 않아요. 이 일은 오랜 시간 책상 앞에 앉아서 혼자 책을 보고, 저자와 텍스트에 대해 생각하면서 하는 일이에요. 물론 번역가 중에도 바깥 활동을 좋아하고 사람들을 만나 대화하면서 스트레스를 풀고 삶의 에너지를 얻는 사람도 있어요. 하지만 그럴수록 일과 생활의 밸런스를 잘 맞춰야 하지요. 번역가도 때로는 편집자와 회의하거나, 독자와의 만남 등을 가지며 외부에서 좋은 자극을 얻기도 하지만 기본적으로는 혼자서 시간을 많이 보내는 일이에요. 책을 한두 권 번역하는 것에 그치거나, 하루 두세 시간

아르바이트하는 것처럼 번역 일을 한다면 자신의 성향이 중요하지 않을 수도 있겠죠. 그런데 전업으로 오랫동안 이 일을 하고 싶다면 그런 부분도 생각해보는 게 좋겠어요.

편 혼자서 오랜 시간 집중하는 일이기 때문에 자신이 어떤 성향인지 알고 있어야 한다는 말씀이군요. 또 어떤 자질을 갖추면 좋을까요?

이 꼼꼼함이랄까, 집요함이랄까. 책에 따라서는 저자의 다른 책을 읽어봐야 한다거나, 자료를 많이 찾아봐야 한다거나, 그와 관련된 개론서를 비롯해 다른 책을 찾아봐야 하는 때도 있어요. 전문 용어를 찾거나 문맥을 이해하기 위해 웹 검색도 많이 하는데, 제2외국어로 검색하면 원하는 자료가 안 나올 때가 많아서 영어로 옮겨서 검색하고, 그것을 한국어로 옮겨보면서 적절한 역어를 찾기 위해 노력해요. 이 외에도 제가 사용하는 여러 가지 방법이 있는데 할 수 있는 것을 다 해도 아주 명쾌하지 않을 때가 있어요. 그래도 지금은 인터넷이 발달해서 웹에서 찾을 수 있는 정보가 많은데, 예전에는 사전에서 찾고, 다른 책도 보면서 품을 들여야 했지요.

기본적으로 재택근무를 하지만 가끔은 도서관이나
단골 책방에서 작업을 합니다.

편 적당한 역어를 찾는 과정이 그렇게 힘들 수도 있군요.

이 제가 번역한 프랑스 책 중에 중국에 관한 책들이 있어요. 프랑스 사람이 중국에 관해 쓴 거죠. 그런데 저자가 한자어를 음역하지 않고 뜻을 풀어서 표기한 거예요. 예를 들면, 베이징의 유명한 거리 창안지에(장안가, 長安街)를 한자 병기도 하지 않고 프랑스어로 'Avenue de la Paix éternelle(영원한 평화의 거리)' 이런 식으로 표기해 놓는단 말이죠. 그러면 영원한 평화의 거리가 뭘까, 베이징에 그런 거리가 어디 있나, 하고 검색해보는 수밖에 없어요. 제가 번역했던 『중국을 읽다』는 600쪽이 넘는 책이었고 이런 식으로 프랑스인 저자가 뜻풀이로 임의 표기한 고유명사가 셀 수 없이 많았어요. '창안지에'는 애교 수준이고 굉장히 품을 들여 감으로 찾아야 하는 역어들이 너무 많았죠. 끝까지 찾지 못한 몇 개 역어는 결국 저자에게 문의했어요. 전부 물어보기에는 그런 유의 고유명사가 너무 많았기 때문에 제가 모든 방법을 동원해도 결국 찾지 못한 것 몇 개만 물어봤죠. 꼭 중국 관련 책이 아니더라도 제가 찾은 지명이나 고유명사가 맞는지 확신이 들 때까지 크로스체크를 해야 할 때는 많아요. 어쨌든 그 책 작업이 진짜 힘들었던 기억이 나네요.

편 인내심도 필요하지만, 적합한 역어를 찾을 때까지 끈질기게 붙들고 있을 수 있는 책임감이 있어야겠다는 생각도 들어요.

이 수학 관련 책을 옮길 때 대한수학회 홈페이지에 들어가서 수학 용어를 찾았는데 영어-한국어로만 정리되어 있더라고요. 프랑스어를 영어로 옮겨서 찾았는데 안 나오는 것도 있었어요. 그때 제가 외국어를 우리말로 옮기는 건지, 프랑스어-한국어 수학 용어 체계를 만드는 건지 헷갈릴 정도였죠. 그런데 책이라는 건 한 번 나오면 정정하기가 힘든 부분이 있어서 책임감이 생길 수밖에 없답니다.

자기 관리 능력이 필요하겠지요

편 번역가는 혼자 일하는 시간이 많아서 시간 관리를 잘해야 할 것 같아요.

이 맞아요. 출판번역가는 대부분 프리랜서로 일해요. 누가 일정을 짜주지 않을뿐더러 간섭하거나 감시하는 사람이 없어요. 무슨 일이든 자기 관리는 필요하지만 나에게 지시하는 사람도 없고 함께 일하는 동료도 없으니 오로지 내가 계획하고 그 계획대로 일을 해내야 하지요. 이 일은 규칙적인 작업 시간을 확보한 후 꾸준하고 일정하게 효율을 내야 해요. 오늘 못 하면 내일 하지, 이런 생각으로 일을 미뤘다가는 벼락치기가 되어버려요. 한두 권이야 어떻게 벼락치기로 마칠 수 있겠지만 그런 식으로는 이 일을 장기적으로 꾸준히 할 수 없어요.

그리고 생활인으로서 살아가기 위해서도 자기 관리가 필요해요. 일은 일이고, 또 개인의 삶이 있잖아요. 저 같은 경우는 집에서 일하면서 업무 시간과 육아와 가사에 필요한 시간을 구분하고 지키는 게 힘들었죠. 일하는 사람으로서는 일할 시간을 충분히 확보하고 싶은 마음인데 육아와 가사는 그때그때 상황에 따라 매우 유동적이거든요. 두 가지를 병행하기 위해서 늘 마감을 조금 여유 있게 잡아놓고 일단 정해놓은 시한은 꼭 지키려고 노력했던 것 같아요. 저는 몰아서 일하지 않고 매일 일정한 양을 소화하려고 해요. 물론 출판사의 사정이나 다른 일이 생겨서 바짝 몰아서 일을 할 때도 있어요. 출판 일정이 어떤 사정으로 꽤 많이 앞당겨졌다거나, 어떤 이벤트와 관련한 책인데 그 일정에 맞춰서 내야 할 때가 있죠. 하지만 그건 예외적인 경우이고, 저는 그날그날 작업의 양과 질을 일정하게 유지하려고 하는 편입니다.

청소년 시기에 어떤 준비를 하면 좋을까요

편 청소년 시기에 어떤 준비를 하면 좋을까요?

이 예로부터 글을 잘 쓰려면, 또는 학문을 쌓으려면 다독, 다작, 다상량을 해야 한다는 말이 있지요. 뻔한 얘기로 들리겠지만 이보다 더 좋은 방법은 지금도 없는 것 같아요. 제가 앞에서 얘기했듯이 이 일은 책을 진심으로 좋아하지 않으면 할 수 없는데, 책을 진심으로 좋아하는 방법이 뭐겠어요? 책을 많이 읽고, 책을 읽는 즐거움을 발견하는 게 아닐까요? 결국 청소년기에 할 수 있는 준비는 책을 많이 읽는 거예요.

　책을 많이 읽으면 문해력이 높아져요. 요즘 우리 국민의 문해력이 낮아져서 걱정이라는 이야기가 심심찮게 들리는데요. 학부모의 학력은 과거에 비해 높아진 편인데 가정통신문을 이해하지 못해 엉뚱한 일이 일어난다는 이야기도 있죠. 그런데 저는 문해력이 떨어져서 걱정이라는 시각으로 비판할 게 아니라 어떤 부분에 대한 이해력이 높은지 따져 볼 필요가 있다고 생각해요. 제가 코로나 시기에 시부모님과 한 집에서 4년 정도 살았는데요. 그때 노년기 어른들이 영상에 대한 이해도가 떨어진다는 것을 느꼈어요. 노년기 어른들은 일일드라마나 가족 이야기가 중심이 되는 주말드라마처럼 이야기가 천천히 흐르고 반복적으로 보여주는 드라마를 주로 보세요. 서로 다른 시기나 여러 등장인물의 심리 상태가 교차편집으로 나온다든가 플롯이 복잡한 드라마는 이해를 못 하시더라고요. 그런데 시부모님은 예전부터 책을 읽었던 분들이라 그런지 아직도 책은 깊은 수준까지 읽으시는 거예요. 반면에 요즘 아이들은 영상 이해력이 아주 높아요. 영상 편집을 이렇게 한 것으로 보아 연출자의 의도는 무엇이고, 이 영상은 어떤 방향으로 연출된 것이라는 등을 금세 꿰뚫어 보지요. 이런 현상으로 볼 때 무엇을 중점적으로 보는가에 따라 그 매체에 대한 이해력이 차이가 있다는 생각이 들어요. 책을 읽는 시간을 늘린다면 문해력은 향상될 수 있을 거예요.

편 책을 많이 읽어서 문해력을 높여야 한다는 말씀이네요.
이 지금도 책을 좋아하는 아이들이 있지만 제가 어렸을 때 좋아했던 것과는 비교를 할 수 없을 것 같아요. 그때는 인터넷도 없고, 게임도 별로 없고, 오락거리로 볼 영상물도 다양하지 않았기 때문에 책이 세상에서 제일 재미있다는 아이들이 많았어요. 출판번역가가 되고 싶다면 지금보다 좀 더 책과 친해져서 문해력을 높이는 게 좋을 것 같아요. 그리고 한 분야의 책이 아니라 평소에 내가 좋아하지 않는 장르의 책도 다양하게 읽으면 좋겠어요. 많이 읽기 못지않게 다양하게 읽기, 깊게 읽기, 비판적으로 읽기도 중요하고요.

편 다작, 그러니까 글을 많이 써봐야 하는 이유는요?

이 번역도 결국 글을 쓰는 것, 문자 언어를 통하여 소통하는 것이니까요. 글을 쓴다고 하면 내가 하고 싶은 이야기를 멋지게 쓰는 것으로 생각할 수도 있어요. 그런데 글을 썼는데 읽는 사람이 무슨 말인지 모르겠다고 하면 그게 잘 쓴 글일까요? 특히 번역문은 독자가 이해할 수 있도록 써야 해요. 그 능력을 키우기 위해서 다양한 분야의 책을 읽어보라고 하는 거예요. 출판번역가는 외국어를 우리말로 바꾸는 수준에 머물러서는 안 돼요. 그 정도의 수준을 원한다면 그냥 파파고 같은 번역 어플에 넣으면 돼요. 출판번역가가 존재하는 이유는 우리말로 잘 쓰인 동시에 읽는 사람을 생각하는 글이 필요하기 때문이에요. 이건 외국어를 잘하고 못하고의 문제가 아니에요. 외국어를 잘하는 게 중요하지만, 우리말로 글쓰기를 싫어한다면 이 일을 하기 어려워요. 『해리 포터』 시리즈를 원서로 읽는 게 너무 재미있는 아이가 있다고 쳐요. 누가 우리말로 옮겨보라고 했더니 이 아이가 말로 하라면 하겠는데 글로 옮기는 것은 못 하겠다고 할 수 있어요. 이렇게 글쓰기를 부담스러워하는 사람들이 있어요. 출판 번역은 글로만 소통하는 일이에요. 표현이 어색하지 않아야 하고, 비문을 쓰지 않아야 해요. 그러면서도 독자가 이해할 수 있도록 글을 만들어야 하고요. 어느 정도는 재능인 것 같아요. 완전히 타고나는 재능이라는 말이 아니라, 어렸을 때 책을 많이 읽어서 글에 익숙하고 문장을 구사하고 글을 쓰는 능력이 갖춰져 있다는 뜻으로요. 제 주위 번역가들을 보면 자리를 잡기까지는 시간이 좀 걸리지만 사실 처음 맡았던 책부터 잘했던 사람들이에요. 일을 많이 하면 번역의 스킬은 늘어요. 그렇지만 가능성은 첫 책부터 딱 보이는 것 같아요.

🔲 다상량은 왜 중요할까요?

🔲 번역을 하려면 대상이 되는 책 자체에 관심이 있어야 하고, 이 책이 관통하는 것이 무엇인지 파악할 수 있는 통찰력이 있어야 해요. 또 책에 드러난 저자의 생각이 무엇인지도 파악해야 하죠. 책을 읽었는데 글이 어떤 함의가 있는지, 그 배경에서 왜 그런 이야기가 나왔는지 파악하지 못한다면 사고력이 부족한 거예요. 책을 재미있게 읽었는데 글자 너머에 있는 어떤 것을 파악하지 못하는 사람이 있어요. 책을 읽고 사고하는 습관이 되어있지 않기 때문인 것 같아요.

번역가가 되어서 내가 좋아하는 책만 고를 수 있는 것은 아니에요. 상황에 따라 받게 되는 일도 있어요. 그래서 다양한 책을 접해본 경험이 중요해요. 새로운 책이라면 이 저자는 왜 이런 글을 썼을까 생각해 보는 거죠. 정리하면 다독은 문해력, 다작은 커뮤니케이션 능력, 다상량은 책에 관한 관심 및 이해와 관련 있다고 생각해요.

대학에서 어떤 전공을 하는 게 도움이 될까요

편 대학 진학을 할 때 어떤 전공을 선택하는 게 좋을까요?

이 번역가가 되기 위해 어떤 전공을 해야 한다는 건 없어요. 본인의 의지와 능력이 중요하니까요. 그래도 언어를 다루는 일이기 때문에 국문학이나 외국 언어와 관련된 전공을 하면 도움이 돼요. 국문학을 전공하면 언어에 관한 이론, 단어의 기원이나 쓰임을 배워요. 일반인들이 회화에서 쓰지 않는 단어들도 많이, 깊이 알 수 있죠. 그래서 언어를 전공하면 분명히 이점이 있어요. 그런데 과학이나 예술 등 배경지식이나 전문성이 필요한 분야의 번역을 하고 싶다면 관련 분야를 전공하는 것도 도움이 돼요. 출판 번역 시장에서 과학책이 차지하는 비중이 꽤 큰데, 문과 출신보다는 그 분야의 전공자가 좀 더 쉽게 작업할 수 있는 부분이 있고 결과물도 좋을 때가 많아요. 또 예술서도 마찬가지예요. 미술에 관한 책이 생각보다 많은데, 미술 전공한 사람이라면 더 깊이 있게 번역하고 각주나 해설을 작성하기에도 유리하겠지요.

편 처음부터 번역가가 되기 위해 전공을 선택할 수도 있지만 거꾸로 전공한 분야의 책을 번역하고 싶어서 번역가가 되는 예도 있을 것 같아요.

이 그렇죠. 본인이 좋아하고 재미있다고 생각하면 누구나 시도할 수 있는 직업이에요. 예술 분야나 과학 분야를 전공한 사람 중에는 외국어를 잘하는 사람이 많아요. 요즘에는 외국 저작과 논문도 많이 읽고, 필요하다면 외국에 있는 전문가들과 외국어로 메일을 주고받고, 해당 국가에 유학을 다녀온 사람들도 많고요. 출판 번역을 할 수 있을 만큼의 외국어 실력을 갖추었고 우리말 문장을 잘 구사할 수 있다면 이 일을 할 수 있어요.

편 유학을 다녀오는 게 유리할까요?

이 본인의 선택인 것 같아요. 저도 프랑스에서 잠시 공부를 하긴 했지만 아주 짧은 기간이었어요. 그 시간이 이 일을 하는 데 도움이 되긴 했지만 결정적이진 않았어요. 실제로 출판번역가 중에는 유학이나 해외 생활 경험이 없는 사람도 많아요.

국내에도 외국어와 우리말, 통역이나 번역을 공부할 수 있는 곳은 많아요. 그리고 번역은 통역에 비해 시간의 여유가 좀 있어요. 잘 모르는 것이 있다면 조사하거나 보완할 시간이 있지요. 그러다 보니 독학자 같은 면이 있답니다.

출판번역가가 되는 교육과정이 있나요

(편) 번역가가 되고 싶은 사람들을 위한 교육과정이 있나요?

(이) 대표적으로 통, 번역대학원이 있어요. 이러한 대학원에 진학하려면 언어 선택을 먼저 해야 해요. 우리나라에서 가장 많은 언어를 다루는 대학원은 한국외국어대학교 통, 번역대학원으로 영어, 프랑스어, 독일어, 러시아어, 스페인어, 중국어, 일본어, 아랍어, 이렇게 8개 학과가 개설되어 있어요. 영어, 중국어, 일본어는 통, 번역의 수요가 많아서 대부분의 통, 번역대학원에서 전공할 수 있지만 그 외 언어를 전공하고 싶다면 그 학과가 있는 대학원을 선택해야 하죠.

(편) 통, 번역대학원 입학시험이 어렵다고 들었어요.

(이) 2000년 전후로는 통, 번역대학원이 정말 인기였어요. 국제교류가 활발해지면서 수요도 많았고, 외국어를 업으로 삼으려고 마음먹은 사람도 많았어요. 그때 비하면 지금은 인기가 덜한 편이지만 통, 번역대학원이 몇 군데 없기 때문에 준비를 잘해야만 들어갈 수 있다고 해요. 어디나 경쟁이 있는 거니까 대학원에 진학하고 싶은 마음이 크다면 충분히 도전할 만하죠.

드물게 번역에 대한 강연을 하기도 합니다. 이 일에
대한 사람들의 관심을 느낄 수 있는 자리이지요.

전 세계의 책을 우리말로 풀어내는 멋진 직업
출판번역가

편 대학원이 아닌 다른 교육기관도 있나요?

이 대학원이 아니라도 전문적으로 번역을 가르치고, 실습하면서 일과 연계하는 시스템을 가진 교육기관이 꽤 많이 있어요. 이런 교육기관은 번역 에이전시와 연계된 곳이 많아서 출판번역가가 알아야 할 교정과 편집 등 실무를 배우고 난 후에 일할 기회를 제공하는 것으로 알고 있어요. 수강생 모두가 일자리를 얻는 것은 아니지만 본인의 역량을 발휘하면 일할 기회는 많이 열려 있어요.

출판번역가가 되는 방법이 궁금해요

편 번역가가 되는 방법은 무엇인가요?

이 예전이나 지금이나 번역가가 되는 길은 다양해요. 다만 시대마다 번역가가 되는 방법은 조금씩 달랐던 것 같아요. 제가 번역을 시작했던 1990년대는 외국어를 전공한 대학생이나 대학원생이 우연히 출판사와 연이 닿아서 아르바이트를 시작하거나, 교수님이 교재로 사용하는 책의 번역을 돕거나 해서 시작한 경우가 많아요. 저도 얼떨결에 아르바이트로 시작한 첫책에 이름을 올리면서 이 일을 시작하게 되었죠. 그런데 2000년대가 되면 통, 번역대학원이나 사설 아카데미처럼 전문적인 교육기관에서 배우고 나서 번역가의 길로 들어선 사람들이 많아요. 번역가를 꿈꾸는 사람들이 스터디 모임을 꾸려서 공부하고, 번역한 결과물을 인터넷 카페 같은데 올리면 번역 의뢰가 들어오기도 했고요. 또 출판사 편집자나 출판 에이전시 등 출판계에 몸담고 있다가 번역가로 전업한 사람들도 있어요. 번역은 외국어 실력도 갖춰야 하지만 우리말 문장력도 필요한 일이에요. 편집 일을 하면서 문장을 쓰고 교정하는 능력이 있는 사람들이 번역가가 된 경우죠. 그리고 어떤 책을 번역하고 싶다고 본인이 기획서를 써서 출판사에 지원하는 방법도 있어

요. 예전에도 이런 분들은 있었지만 이렇게 적극적으로 출판
사의 문을 두드려보는 게 요즘은 더 나은 것 같기도 해요. 어
떤 방법이든 시도해보는 게 중요해요. 그러면서 자신만의 길
을 찾아내는 거죠.

편 출판번역가로서 경력을 쌓을 방법이 있다면 알려주세요.
이 출판번역가로 막 입문했는데 어떻게 해야 할지 잘 모를 때
는 번역 회사의 소속 번역가로 활동하는 것도 한 방법이에요.
번역 아카데미나 에이전시 같은 번역 회사에 소속을 두고 회
사로 들어온 번역 일을 하면서 경력을 쌓는 거예요. 소속 번역
가는 일을 구하고, 회사는 번역료 중 일부를 수수료로 받아요.
이렇게 일을 하다가 어느 정도 실력이 검증되면 출판사에서
회사를 거치지 않고 직접 번역가에게 의뢰하기도 해요. 그러
다가 독립한 프리랜서가 되는 거죠.

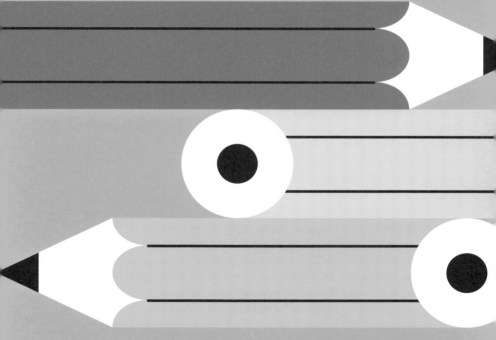

출판번역가의
일과 삶

책 한 권을 번역하는 시간은 얼마나 걸리나요

[편] 책 한 권을 번역하는 시간은 얼마나 걸리나요?

[이] 번역가마다 작업하는 속도가 다르고, 책의 분량에 따라 달라서 얼마나 시간이 걸린다고 말하기는 어려워요. 저의 경우를 얘기하면 가벼운 분량의 책은 한 달 정도, 소위 벽돌 책이라고 불리는 500쪽 이상의 책은 서너 달 안에 끝내려고 해요.

[편] 일하는 속도가 엄청 빠르세요. 분량이 많은 책을 서너 달에 끝내는 게 쉽지는 않을 것 같은데요.

[이] 속도가 빠르다기보다는 책상에 앉아 있는 시간이 많아요. 예전에는 주 52~60시간 정도 일했고 지금도 주 40시간은 일해요. 그리고 저는 작업하는 동안에는 그 책에 대해서 계속 생각을 하는데 한 권을 너무 오래 잡고 있으면 힘들더라고요. 그래서 시간을 정해두고 웬만하면 그 안에 해결하려고 해요. 물론 찾아야 할 정보도 많고 해결할 과제가 많은 책을 기한 내에 마무리하려면 압박감도 있어요. 그런데 책 한 권이 밀리면 다음 책도 밀리니까 출판사에 전화해서 일정 조정하는 게 더 귀찮아요. 그래서 정해놓은 기한과 순서를 지키려고 해요.

편 일하는 시간이 생각보다 기네요.

이 『타임 푸어 Time Poor』라는 책이 있어요. 시간에 쪼들리는 사람을 가리키는데, 저는 정말 타임 푸어예요. 워킹맘들이 다 그렇지만 저도 결혼하고 아이를 낳고 기르면서 집안일과 번역일을 함께 하니 항상 시간이 부족하다고 느껴요. 지금은 아이가 커서 좀 나아졌지만, 예나 지금이나 항상 시간을 쪼개서 살죠. 일단 집 밖에 나가는 시간을 최소화하고, 장 보는 시간이나 아이를 데리고 이동하는 시간도 최소화하는 거예요.

편 의뢰받은 책이 많아서 그러신 건가요?

이 가장 일이 많았을 때는 1년 치 정도의 의뢰를 받았어요. 6월은 어떤 책, 7, 8월은 어떤 책을 번역한다고 정해놓고 그 시간표에 맞춰서 일을 했는데 그 사이에 어떤 변수가 생길지 모르니까 늘 마음이 급했어요. 지금은 일이 좀 줄기도 했고 저도 그렇게 일을 많이 받아두지 않아요. 제가 몇 년 전에 몸이 아파서 일 년에 두 번이나 수술을 받았어요. 그때도 작업 계획이 다 짜여 있었는데 계획에 차질이 생기니까 도미노처럼 줄줄이 밀리는 거예요. 그걸 다 정리하는데 참 많이 힘들었어요. 그리고 작업 계획이 너무 빡빡하게 짜여 있으면 제가 정말 하고 싶은 책이 급하게 들어왔을 때 그 기회를 잡을 수 없더라고요.

일과 휴식을 어떻게 조율하나요

편 번역가는 일하는 시간과 휴일을 스스로 정하고 관리한다고 하셨어요. 어떻게 관리하는 게 좋을까요?

이 사람마다 라이프스타일이 달라서 일반적으로 어떻다고 이야기할 수는 없지만, 한 가지는 명확해요. 이 일을 전업으로 하는 사람은 자신만의 지속 가능한 규칙을 찾아야 해요. 저는 기혼 여성이기 때문에 남편이 회사에, 아이가 학교에 가는 주중에 집에서 일하고 주말은 가족과 보내요. 예전에는 주말이고 뭐고 모르겠다는 식으로 주 50시간, 60시간 일하기도 했는데 요즘엔 그렇게까지는 하지 않아요. 젊었을 때는 하루에 15시간을 내리 일한 적도 있어요. 마치 아이들이 게임에 몰두해 시간 가는 것도 잊어버린 것처럼요. 그런데 지금은 오래 앉아 있으면 허리도 아프고 눈도 피곤해서 그렇게 못해요. 사람들이 프리랜서라고 하면 일하고 싶은 시간만 짧게 일하는 자유로운 직업인 줄 아는데, 전업 번역가는 생각보다 일하는 시간이 길어요. 다만, 직장인처럼 평일과 주말을 구분하지 않고 자신이 정한 스케줄에 맞춰서 일하는 시간을 조율할 수는 있지요.

🔲 일할 때 선호하는 장소도 사람마다 다르겠죠?

🔲 달라요. 작업실을 따로 마련해서 출퇴근하는 사람이 있고, 공동 작업실을 구해서 동료 번역가들과 함께 일하는 사람도 있고, 카페처럼 열린 공간에서 일하는 것을 좋아하는 사람도 있어요. 이렇게 집이 아닌 곳에서 일하는 것을 좋아하는 번역가는 밖에서 바짝 일하고 집에서 쉬는 라이프스타일을 가지고 있어요. 하지만 저는 집에서 일하는 게 제일 좋아요. 시부모님과 함께 살 때 어쩔 수 없이 집 근처에 작업실을 마련해서 3, 4년 써봤는데, 집에서 하는 것보다 일의 효율성이 떨어지더라고요. 왜 비효율적인가 생각해봤더니 오랫동안 몸에 익은 습관 때문이었어요. 저는 2시간 일하고 세탁기 돌리고, 2시간 일하고 빨래 널고, 이렇게 번역하는 중간중간 잠깐의 틈에 집안일을 배치했던 거예요. 그렇게 일과 집안일을 촘촘하게 분배하는 것이 저한테는 최소의 움직임으로 최대의 효율을 내는 방식이었는데 일과 가사가 완전히 분리되니까 오히려 불편해졌던 거죠. 그리고 이제 나이가 있어서 장시간 같은 자세를 유지하기가 힘들어요. 학교에 가면 수업 사이에 쉬는 시간이 있듯이 1~2시간 일하고 일어나서 잠시 다른 일을 하거나 누워서 쉬어요.

여러 언어 판본을 비교하면서 작업할 때의 책상 풍경.

전 세계의 책을 우리말로 풀어내는 멋진 직업
출판번역가

수입은 얼마나 되나요

편 번역료는 어떻게 책정되나요?

이 번역료를 받는 방식은 두 가지가 있어요. 인세 계약과 매절 계약인데요. 인세는 책이 팔리는 만큼 받는 것으로 출판사와 계약할 때 정가의 몇 퍼센트를 몇 년 동안 받기로 정해요. 작가의 인세 계약과 같아요. 번역가를 번역 작가로 생각하면 인세 계약을 하는 게 맞아요. 하지만 책이 팔리는 부수를 예측하는 게 어렵고, 요즘엔 팔리는 책의 부수가 적어서 인세 계약이 번역가에게 도움이 되지 않을 수도 있어요. 그래서 출판사에 번역 작가의 저작권을 포괄적으로 넘기는 대신에 200자 원고지 1매당 얼마의 번역료를 지급하는 매절 계약을 해요. 외국은 단어 수로 번역료가 매겨지는데, 우리나라는 아직 200자 원고지 기준으로 받죠. 인세 계약을 하면 내가 옮긴 우리말 문장에 대해서 저작권을 가지고 있어서 좋고 책이 잘 팔리면 수입에도 도움이 돼요. 하지만 책이 안 팔리면 현실적인 어려움이 따르니까 매절 계약이 나을 때도 있어요. 매절료는 번역가에 따라서 차이가 있고, 또 언어에 따라서 차이가 있어요. 영어나 일본어에 비해 프랑스어나 독일어 번역료가 조금 더 높은 편이죠. 제가 일을 처음 할 당시에는 원고지 1매당 500원 정도 차이가 있었나 그래요. 그런데 요즘엔 언어에 따른 차이가 거의 없어진 것 같기도 해요.

편 잘 팔리는 책이 있다면 인세 계약이 유리할 것 같은데, 현실은 그렇지 않은 건가요?

이 인세 계약을 많이 하면 수입이 축적되는 장점이 있어요. 그런데 저만 해도 90퍼센트가 매절 계약이에요. 일단 출판사에서 매절 계약을 제안하는 경우가 많아요. 인세 계약을 하는 출판사도 있는데, 번역서는 저자와 판권 계약을 할 때 책의 판매 기간을 정해요. 그 기간이 지나 저자가 계약 연장을 하지 않으면 절판하는 거죠. 그래서 인세 계약을 했더라도 책이 절판되면 번역료도 없는 거예요. 그런 한계도 있다는 점을 고려해야 하지요.

편 수입은 얼마나 되나요?

이 번역가는 프리랜서이고 사람마다 또 언어마다 편차가 있기 때문에 일반적으로 얼마라고 얘기하기 어려워요. 이 일을 전업으로 한다면 현재는 보통의 직장인 정도의 수입이지 않을까 예상해요. 제가 다른 사람들의 수입은 잘 몰라서 그냥 제 이야기를 할게요. 제가 이 일을 시작한 초기에는 직장인만큼 일하면 그만큼 수입이 있었어요. 그런데 문제는 직장인은 연차가 쌓이면 연봉이 오르고 일의 성격도 조금 바뀌잖아요. 그런데 번역가는 경력과 상관없이 항상 젊은 사람들과 경쟁해야 하고 오히려 더 까다로운 작업을 맡는데도 번역료를 더 받지는 않아요. 제가 26년 일하는 동안에 최저임금은 4배가 훨씬 넘게 인상되었는데 그동안 번역료는 인상 폭이 2배가 되지 못했어요. 처음부터 지금까지 비슷한 강도로 일해도 예전보다는 수입이 만족스럽지 못한 게 현실이죠. 비단 번역가뿐만 아니라 출판외주노동자의 환경은 계속 열악해지고 있어요. 그리고 출판사는 원고의 완성도나 편집의 수월함 등을 고려해서 그에 상응하는 번역료를 책정하지 않아요. 저는 그래야 한다고 생각하지만 현실은 제 생각과 다르다는 게 문제인 거죠.

 그럼에도 불구하고 번역가가 되고 싶은 사람이 아직 많은 것 같아요.

 이 일을 하는 사람들이 기본적으로 책을 좋아해요. 수입은 기대만큼 많지 않지만, 좋아하는 것을 직업으로 삼는다는 장점이 있어서 그런 것 같아요. 하지만 일의 전문성이나 노동 강도에 걸맞은 수입이 따라온다면 더 좋겠죠.

전 세계의 책을 우리말로 풀어내는 멋진 직업
출판번역가

이 일의 매력은 뭐라고 생각하세요

편 출판번역가의 매력은 뭐라고 생각하세요?

이 일단 직업 자체가 주는 매력이 있어요. 바깥에서 보면 좀 멋있어 보이는지도? (웃음) 왠지는 모르지만 제 직업이 번역가라고 하면 굉장히 좋게 보는 시선, 특히 아이를 키우느라 일을 그만두고 경력이 단절된 여성들은 동경하는 듯한 반응을 보이곤 했어요. 집에서 아이를 돌보면서도 일할 수 있는 직업이라고 생각해서 그랬던 것 같아요. 자유롭게 일해서 좋겠다, 출퇴근 안 해서 좋겠다, 그런 말 많이 들었어요. 그런데 코로나 19 시기에 재택근무가 하나의 근무 형태로 인정되면서 역설적으로 재택근무의 어려움도 좀 더 많은 사람이 알게 된 것 같아요. 사실 집에서 일하면 힘든 점이 많아요. 특히 아이가 어릴 때는 일과 양육이 둘 다 망가지기 쉬워요. 그럼에도 제가 어느 정도 일정을 조정할 수 있고 인간관계로 인한 감정 소모가 별로 없다는 점은 이 직업의 매력이 맞는 것 같네요.

편 남들에게는 매력으로 보이지만 이면에는 어려움이 있는 거네요. 그러면 선생님이 개인적으로 느끼는 매력은 무엇이 있을까요?

이 이 일의 진짜 매력은 다양한 주제에 관해 공부하고 생각하며 알아가는 거라고 생각해요. 저는 몇 개월 전에 두 달 동안 이탈리아 르네상스 회화에 대해서만 생각했어요. 당시 화가들이 그림을 의뢰받으면 회화에 등장하는 인물 중 한 명의 얼굴에 본인의 자화상을 그려 넣었다는 내용의 책이었어요. 대표적으로 르네상스 시대 3대 화가로 꼽히는 라파엘로는 〈아테네 학당〉이라는 그림에 본인의 자화상을 그려 넣었어요. 50명 남짓한 인물이 등장하는데, 그중에 딱 한 사람이 관객을 바라보고 있어요. 그 인물이 바로 라파엘로 본인이었죠. 이 그림뿐만 아니라 당시의 그림 중에는 이렇게 관객을 바라보고 있는 인물이 꽤 있어요. 그 이유가 재미있어요. 당시의 화가들은 대부분 의뢰받아 그림을 제작했는데, 등장인물 중 한 명에 화가 자신을 끼워 넣는 방법으로 자신을 알리는 거예요. 라파엘로의 그림처럼 관객을 보고 있는 인물이 있다면 그건 화가의 자화상일지도 몰라요. 또 성인이나 신화 속 영웅의 얼굴을 그림을 의뢰한 사람의 얼굴로 그리기도 했대요. 화가의 후원자를 빛나게 하려는 의도였죠. 성경 속에 등장하는 성인의 얼굴을 아는 사람은 아무도 없으니까 누구를 모델로 삼느냐는 화가의 재량이잖아요. 그런 방식으로 본인을 드러내고 후원자를 기쁘게 했던 거죠. 책의 내용 자체도 흥미로웠지만 번역하기 위해 인터넷으로 그림을 찾아보고, 책에 인용된 다른 책을 참조하면서 크로스체크를 하는 과정도 재미있었어요. 제가 분명히 아는 화가이고 많이 본 그림인데, 등장인물 중에 작가의 자화상이 있는 줄은 몰랐어요. 그런 것을 알고 나니 더 재미있었죠.

편 공부하기를 좋아하는 사람들에게는 새로운 것을 알아가는 재미가 있겠어요.

이 네, 지난달에는 확인 강박증이라는 주제만 집중적으로 생각했어요. 강박증은 여러 가지가 있는데 그중에 청결 강박증과 확인 강박증이 높은 비율을 차지하고 있대요. 가스레인지 밸브를 잠갔는지 계속 확인하고 싶어 하는 것도 증상의 하나로, 잠갔다는 것을 분명히 아는데도 또 가서 확인해야 직성이 풀리죠. 아니면 어떤 사람이 나 때문에 마음이 상한 것은 아닌지 확인하고 싶은 마음에 전화해서 물어보고, 또 물어보면서 확실히 아니라고 확인하는 행동도 마찬가지고요. 그러한 확인 행동과 안심 추구에 대한 심리치료를 다루는 책이었어요. 저는 심리학책을 여러 권 번역했지만, 이건 또 새로운 주제라서 한 달 동안 재미있게 작업했어요.

음악이나 미술 관련 책을 작업할 때는
예술 감상의 즐거움이 따라옵니다.

전 세계의 책을 우리말로 풀어내는 멋진 직업
출판번역가

편 번역하는 동안 책의 내용에 푹 빠져 지내는 것도 이 일의 장점이 될 수 있겠어요.

이 저는 그 시간이 참 좋아요. 그림에 관한 책을 번역할 때는 그림을 찾아볼 수밖에 없는데, 미술관에 가서 보는 것도 좋지만 제 방에서 혼자만의 방식으로 감상하는 재미가 있어요. 또 음악을 주제로 한 책을 번역할 때는 책에서 언급하는 음악을 찾아서 들어요. 연주회에 가면 현장에서 듣는 감동이 있지만 약간 일방적 수용자 같은 느낌도 들지요. 그런데 책과 함께 나의 리듬에 맞춰 음악을 들으면 또 다른 재미가 있답니다.

편 책을 워낙 좋아하셔서 번역할 때마다 책 속에 빠지는 경험을 하시는 것 같아요.

이 다양한 주제의 책을 번역했어도 항상 새로운 주제가 있더라고요. 사실 책에 빠져 있으면 현실의 골치 아픈 문제를 잠시 잊어버릴 수 있는 장점이 있어요. 어떤 사람들은 현실을 잊기 위해 술에 탐닉하거나 드라마나 영화에 빠지잖아요. 저는 책 혹은 일이 현실을 도피하는 수단인가 봐요. 책을 읽고 번역하는 시간이 많아서 세상 물정을 좀 모른다는 단점이 있기는 하지만 오히려 복잡한 세상으로부터 잠시 벗어날 수 있어서 저는 좋아요. 일단 건전한 도피이고, 생계의 수단이고, 또 늘 배우는 게 있어서 좋아요.

　제가 만약 염세적인 작가의 문학작품을 계속 번역해야 한다면 처음에는 거기 또 빠지겠지만 나중에는 좀 지칠 것 같아요. 여러 분야, 새로운 주제를 접하면 아무래도 덜 지치고 덜 지루해요. 비극적인 내용의 책을 번역하느라 진이 빠졌다가 그다음에 예쁜 그림과 통통 튀는 문장의 어린이책을 만나면 또 마음이 몽글몽글 풀어지죠. 그리고 뭐랄까, 하나를 깊이 아는 건 없지만 얕고 넓게 아는 기쁨이 있어요. 순수한 독자로서 제가 읽고 싶은 책만 골라서 읽었다면 이런 기쁨은 잘 모르지 않았을까요.

북토크는 자주 열리나요

편 번역가님이 참여한 북토크 기사를 봤어요. 저자가 방한했을 때도 있지만 번역가님 혼자 진행하실 때도 있더라고요. 이런 북토크는 자주 열리는 편인가요?

이 제가 대학에 다니던 1990년대는 책 자체만 좋으면 저절로 팔리는 시대였어요. 입소문만으로도 잘 팔렸고 기대작은 초판을 일만 부씩 찍었어요. 출판사에서 큰 기대를 하지 않아서 홍보도 별로 하지 않았는데 독자들이 알아봐서 베스트셀러에 오른 책도 꽤 있었죠. 프랑스 작가 베르나르 베르베르는 1990년대 『개미』가 엄청나게 인기를 끌어서 프랑스보다 우리나라에서 책이 더 잘 팔리는 작가가 되었어요. 당시에 대형 출판사들은 신문이나 라디오 같은 매체 광고를 하기도 했고 중소 출판사들은 서점 상대 영업을 하거나 이벤트를 마련했지만 기본적으로 출판번역가가 홍보에 신경 쓸 일은 없었어요. 그런데 지금은 출판번역가도 작게라도 홍보와 판매에 협조할 일이 있으면 참여해야 하는 시대예요. 출판계는 항상 '단군 이래 최대 불황'이라는 말이 있을 정도로 예전에 비해 책이 잘 팔리지 않아요. 요즘엔 SNS를 통해 광고하고, 굿즈를 만들어 독자들의 관심을 끌고, 크고 작은 이벤트를 만들고, 유튜브 같은 동영상 채

널을 운영하는 식으로 다양한 마케팅을 하고 있어요. 독립책방이나 도서관에서 저자나 역자 강의를 하는 북토크도 이런 마케팅 행사의 하나인 거예요.

편 북토크를 위해 번역가님이 따로 준비하는 것이 있나요?

이 이런 북토크는 출판사에서 기획하는 게 많고, 아주 드물게는 어떤 단체나 어느 도서관에서 책을 보고 강연을 해달라고 요청하기도 해요. 북토크는 사실 저자가 주로 하지요. 그런데 출판사 측에서는 외국에 있는 저자를 부르기는 어려운 상황이고, 책을 알리는 행사는 하고 싶으니까 저자를 대신해 이 책을 가장 잘 아는 사람이 번역가라고 생각해서 부르곤 해요. 제가 사람들을 만나거나 강연을 즐기는 성향은 아니지만 출판사의 요청이 있으면 적극적으로 협조해요. 어쨌든 책이 잘되어야 저도 계속 일할 수 있고 독자들을 만나는 뜻깊은 자리니까요.

편 독자를 직접 만나면 어떤 느낌이 드세요?

이 번역가는 항상 혼자 일하는 사람이에요. 대개는 본인이 좋아서 하는 일이기 때문에 내가 하는 일이 타인에게 어떤 영향을 미치는가에 대해 둔감하죠. 이 일이 타인에게 어떤 영향을 미치는가, 이 일이 나 말고 다른 사람에게 무슨 쓸모가 있는가,

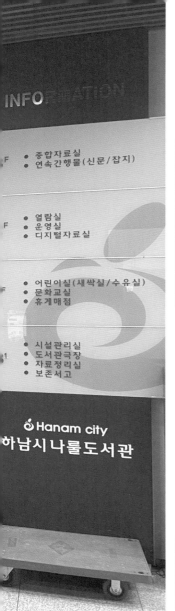

종합자료실
연속간행물(신문/잡지)

열람실
운영실
디지털자료실

어린이실(새싹실/수유실)
문화교실
휴게매점

시설관리실
도서관극장
자료정리실
보존서고

🌀 Hanam city
하남시 나룰도서관

전 세계의 책을 우리말로 풀어내는 멋진 직업
출판번역가

하는 생각을 진지하게 할 때도 있지만 일상에서는 잊고 살 때가 많아요. 그러니까 북토크에서 독자들을 만나 그분들의 감상과 이해를 경청하고 질문에 답하는 경험 자체가 좋은 자극이 돼요. 제가 번역한 책을 통해 사람들과 연결되어 있음을 새삼 깨닫고 저의 감상과 이해를 공유하는 독자들을 발견하면서 좋은 기운을 많이 받아요. 어떤 북토크에서는 작품의 번역 기조를 잡으면서 무엇을 고려해야 하는지 깨닫기도 하고요.

편 기억에 남는 북토크가 있다면요?

이 제가 번역한 책 중에 『나는 생각이 너무 많아』라는 책이 있어요. 당시에는 예민함, ADHD, 신경다양성 등을 다루는 책이 많지 않았어요. 사실 저는 그 책을 번역할 때만 해도 별다른 감흥이 없었어요. 특별히 흥미롭지도 않았고 '누구나 이런 면은 조금씩 있는 거 아닌가'라고 생각했어요. 그런데 이 책이 초기에 홍보를 거의 안 했는데 소리 소문 없이 30만 부가 팔렸어요. 이 책에서 구원을 받은 것 같다고 말하는 독자 서평이 꽤 많았고, 저자에게 직접 메일이나 SNS 메시지를 보낸 우리나라 독자들도 있었대요. 책이 출간된 지 3년 정도 되었을 무렵 저자가 한국을 방문해 교보문고에서 강연 겸 북토크를 열었어요. 저는 이 책의 번역가로서 참석했는데 거기서 독자들

이 질문하고 저자와 대화하는 모습을 보고 나서야 '생각이 너무 많다'라는 게 어떤 건지 알았어요. 거기 모인 독자들은 화법 자체가 달랐어요. 저자에게 질문하는 도중에도 생각이 마구 가지를 뻗는 것 같았어요. 보통 사람들은 잠시 딴 얘기로 빠졌다가도 다시 돌아와서 질문을 정리하는데 이분들은 본인의 인생사로 넘어가서 애초에 무엇을 질문하려 했는지 기억도 안 날 정도로 얘기가 갈래를 뻗어나가더라고요. 도중에 울기도 하고 서로 위로도 건네고, 하여간 여느 북토크에서 보지 못한 장면을 봤어요. 어떤 분은 예민하고 별나서 함께 하기 힘든 사람이라고 비난을 많이 받았다고 본인의 아픔과 약한 모습을 그대로 드러내고, 또 어떤 분은 그런 문제로 왕따를 당해 정신과 상담을 오래 받았다는 이야기도 했죠. 그때 이 문제로 고통받는 사람들이 참 많다는 걸 알았고, 사람들에게 이해받지 못해서 상처가 많았다는 것도 알았어요. 그래서 번역할 때 이 주제에 대해서 좀 더 잘 알았거나 이해가 깊었더라면 좋았겠다는 생각이 들더라고요. 물론 그랬다고 해서 번역문이 바뀌거나 하지는 않았겠지만 제가 작업하던 당시에는 그 책의 무게를 몰랐다는 것을 느꼈죠.

북토크는 독자들의 목소리를 실제로 듣는 소중한 시간입니다.

전 세계의 책을 우리말로 풀어내는 멋진 직업
출판번역가

편 독자들을 직접 만나서 번역한 책의 의미를 새로 발견하신 거네요.

이 그렇죠. 독자를 직접 만나지 않았으면 그 책이 어떤 사람들에게는 얼마나 인생에서 큰 의미가 있는지 몰랐을 것 같아요. 저자도 우리나라 독자를 만나서 너무 좋아하셨어요. 독자들의 환대를 받아서 많이 기뻐하셨죠. 그래서 독자들과 2차도 가시고 출판사와 편집자, 번역자가 저자와 독자의 중간 연결고리가 되어주었다고 고마워하셨어요. 그 후 출판계에서 감수성, 예민함, 신경다양성, 우뇌형, 정신적 과잉활동 등을 다루는 책이 많이 나왔어요.

『나는 생각이 너무 많아』의 저자 크리스텔 프티콜랭과 함께

이 일의 어려운 점은 무엇인가요

[편] 이 일의 어려운 점은 무엇인가요?

[이] 어려움 없이 순조롭게 번역되는 책은 없어요. 책마다 그때그때 새로운 어려움이 있죠. 그래서 어느 한 가지 어려움을 딱 꼬집어 말할 수가 없네요. 책은 그 사회의 문화가 반영되어 있는데 그게 한 단어만으로 표현될 때도 있어요. 그 한 단어에 해당하는 우리말은 없을 수도 있고요. 가장 훌륭한 근사치를 만들기 위해 필요한 모든 것이 어려움이라면 어려움이죠. 저의 교양이나 지식은 한없이 부족한데 그때그때 새로운 책의 배경에 있는 문화와 지식을 파악하는 것도 어렵고요.

[편] 기존에 번역서가 있는데도 새로 번역해 출판하는 책이 많이 있어요. 시간의 흐름이 번역에도 영향을 미쳐서 그러는 건가요?

[이] 지식 자체가 과거와 달라질 수 있고 시대 정서가 달라질 수도 있지요. 그러면 새로운 번역이 필요해요. 철학 분야만 해도 예전에는 '오성(悟性)'이라고 했던 것을 지금은 '지성'으로 정정하는 추세예요. 프랑스어의 'devenir'(영어 'becoming')을 예전에는 '생성'으로 번역했는데, 지금은 '되기', '되어감', 혹은

아예 '비커밍'이라고 써요. 이건 니체 철학에서 자주 언급되고 실존주의에서도 중요한 개념이지요. 어쨌든 제가 철학과 학부생이었던 시절에는 '생성'으로 배웠답니다. 그런데 '생성'이라고 하면 생겨나는 것, 만들어지는 것을 연상하게 되므로 '되기'와는 차이가 있지요. 이런 식으로 중요한 개념들의 역어에도 계속 변화가 있어요. 또한 학자들 사이에서도 우리말로 무엇이라고 할지 아직 합의에 이르지 못한 개념들도 있고요. 그리고 옛날에는 아무 생각 없이 받아들여졌던 역어가 지금은 불편하게 느껴질 수도 있어요. 가령 옛날에는 '미망인'이라는 단어를 책에서 흔히 볼 수 있었지요. 그런데 이 단어는 '남편을 따라 죽지 못한 여자'라는 의미가 있어서 지금은 많은 이들이 불쾌해해요. 이렇게 시대가 변함에 따라 새로운 번역으로 독자들을 만나는 것이 바람직한 경우가 많이 있답니다.

제2외국어 번역이기 때문에 생기는 어려움도 있나요

편 시중에 나온 번역서는 원어가 영어인 책이 많고 프랑스어 번역서는 상대적으로 적은 것 같아요. 그에 따른 어려움도 있을 듯한데, 어떤가요?

이 영어 번역 일은 꾸준히 있어요. 영어를 잘하는 편집자도 많고 출판사들도 영어 번역서를 자주 내기 때문에 출판을 기획하고 검토하는 단계를 출판사 내에서 할 수 있어요. 그런데 프랑스어책을 낼 때는 기획, 검토하는 단계부터 번역가가 참여하는 일이 많아요. 작은 출판사의 경우는 어쩌다 한 번 프랑스어책을 내기 때문에 출판사 내에서 그 책을 검토하고 기획할 인력이 없어요. 물론 에이전시에서 어느 정도는 검토해 주지만 비싼 저작료를 내고 사 오는데 그것만 믿고 일을 진행할 수는 없죠. 그래서 저한테 책을 보내주고 번역해서 출간해도 괜찮을지 의견을 묻는 경우가 많아요. 요컨대, 신간 검토를 부탁하는 거죠. 사실 제 연차는 신간 검토를 하거나 기획안을 만들어 출판사에 제안하는 일은 하지 않아도 되지만 제2외국어 번역가이기 때문에 책의 저작권을 살지 말지 결정하는 시작 단계부터 관여할 때도 많아요. 어려운 점이라기보다는 일이 더 많다는 느낌?

편 규모가 큰 출판사의 사정은 어떤가요?

이 예전에는 웬만큼 규모가 있는 출판사에 제2외국어 전공자가 한 명은 있었어요. 그래서 기획 검토 단계를 출판사 안에서 해결했죠. 지금보다 외서 기획도 활발했던 것으로 기억해요. 그리고 그때는 대학에 프랑스어, 독일어, 스페인어 등 제2외국어 학과도 꽤 있었어요. 그런데 요즘엔 대학에 제2외국어 관련 학과가 많이 줄었어요. 저의 모교도 유럽 어문학부로 통합했고 인원도 몇 명 뽑지 않고요.

편 그러면 유럽 언어 번역의 수요가 줄었다고 볼 수 있는 건가요?

이 정확히는 모르겠어요. 어쨌든 저는 영어 번역도 해요. 문학은 제가 소화하기 버거운 면이 있고 제가 주로 작업해 왔던 철학, 심리학 유의 인문서 번역을 하지요. 사실 저한테는 영어 번역이 시간도 더 오래 걸리고 힘든 면이 있어요. 두 언어를 다 하겠다고 마음먹어서 그렇게 된 건 아니고 제2외국어 번역 시장이 작으니까 자연스럽게 영어 번역도 하게 된 거예요. 프랑스어를 한국어로 번역할 때와 영어를 한국어로 번역할 때 출발어에 의한 차이가 있기는 한데 어쨌든 도착어가 한국어이기 때문에 할 만은 해요.

옮긴이의 말은 왜 쓰나요

[편] 번역서는 대체로 역자 후기나 옮긴이의 말이라고 해서 번역가의 글을 싣더라고요. 이건 왜 쓰는 건가요?

[이] 외국에서는 번역서를 출판할 때 역자 후기가 거의 없어요. 그런데 우리나라랑 일본은 역자 후기를 싣고 싶어 해요. 책에 대해서 할 이야기가 많고 어떤 소회가 있을 때는 저도 쓰고 싶은 마음이 있어서 자연스럽게 쓸 수 있는데, 정말 제 입장에서 할 말이 거의 없는 책도 있거든요. 그런데도 출판사에서는 역자 후기를 받고 싶어 하니까 제가 농담으로 "역자 후기 때문에 번역을 그만둘지도 모른다"라는 말을 한 적도 있어요.

저는 개인적 감상을 이야기하는 역자 후기를 쓰기 힘들어해요. 반면에 객관적으로 쓸 수 있는 이야기가 많은 책이라면 번역하면서 생각했던 것이나 새로 알게 된 사항이 흥미로웠다고 술술 쓸 수 있죠. 역자 후기 게재의 선택권이 역자에게 있었으면 좋겠어요. (웃음)

[편] 출판사에서는 왜 역자 후기를 중요하게 생각하는 걸까요?

[이] 독자들이 역자 후기를 보고 책을 사는 경우가 꽤 있다고 해요. 아무래도 역자는 그 책을 가장 열심히 읽고 깊이 생각한

사람 중 한 명이니까 역자의 글이 독자의 이해를 돕는 면이 있겠지요. 그래서 출판사에서도 역자 후기를 필수 사항처럼 요구하는 경우가 많은데 책에 따라서는 너무 쥐어짜는 느낌으로 쓰게 되고 스트레스가 되기도 해요. 그렇지만 역자 후기를 잘 활용하는 번역가들도 많답니다. 사실 역자가 그 책에 대해서 텍스트 외적으로 말할 수 있는 유일한 창구가 역자 후기잖아요. 그리고 역자가 개인적 소회를 드러내거나 개성을 발휘할 수 있는 지면이기도 하고요. 제가 아는 어떤 번역가는 역자 후기에 항상 '우리 딸 누구에게 고맙다' 이런 식으로 평생 딸의 이름을 쓰셨어요. 역자 후기라는 지면을 통해 엄마와 딸의 특별한 히스토리를 쌓아나간 거죠. 또 역자 후기에서 재치나 이야기꾼으로서의 재능을 보여주는 번역가들이 있어요. 그런 분들은 나중에 역자가 아닌 저자로서 책을 내시기도 하고요.

출판번역가의 미래를 어떻게 예상하세요

편 출판번역가의 미래를 어떻게 예상하세요?

이 출판 산업 분야가 어떻게 변화할지 예측이 어렵긴 하지만 번역이라는 일이 사라지지는 않을 것이라고 예상해요. 그러나 지금 저와 다른 번역가들이 하는 것처럼 이 일이 처음부터 끝까지 사람의 눈과 머리와 손을 거쳐서 이루어지지는 않을 것 같아요. 여러분도 알다시피 AI를 활용한 번역이 상당한 수준에 이르렀기 때문이에요. 저는 AI가 출판물을 모두 번역할 수 있을 거라고 봐요. 그런데 번역의 수준과 결과라는 측면에서 보면 과연 AI가 인간이 번역하는 것보다 나을 수 있을지, 혹은 비슷한 방식으로 번역할 수 있을지는 아직 잘 모르겠어요. 특히 문학의 경우는 더 그렇죠. 각기 다른 두 언어는 일대일로 대응하지 않아요. 출발어인 한 단어가 하나의 도착어로 번역되는 게 아니라 문맥에 따라 다른 단어로 번역될 수 있어요. 또 글은 그 언어가 사용되는 문화권의 문화를 반영하고 있어요. 문화도 마찬가지로 일대일로 대응하지 않죠. 그래서 번역가는 적절한 도착어를 찾고 우리에게는 낯선 문화를 가능하면 독자가 이해할 수 있도록 변화를 가해요. 그런 면에서 보면 출판번역가는 외국어로 된 글을 읽고 이해한 내용과 내 마음속에 그려진 심상을 우리글로 다시 쓰는 거예요. 저는 그렇게 어떤 장면을 우리글로 다시 쓰는 단계는 두 언어를 잘하고 양쪽 문화를 잘 아는 인간이 — 적어도 당분간은 — 더 잘 소화할 수 있지 않나 생각해요.

그렇지만 AI를 활용해 시간과 노력을 아끼는 방향으로 작업이 변화할 수는 있다고 생각해요. 그중 하나가 포스트 에디팅 PE, Post-Editing인데요. 포스트 에디팅은 기계 번역 MT, Machine Translation 시스템이 생성한 번역물을 사람이 검토하고 수정하는 과정이에요. 기계 번역은 사람이 번역한 것보다 빠르지만, 정확성이 떨어지고, 문장이 자연스럽지 못하고, 맥락을 이해하지 못하는 등의 한계가 있을 수 있어요. 이러한 한계를 보완하기 위해 사람이 번역 품질을 개선하는 것이 포스트 에디팅이죠. 포스트 에디팅도 크게 두 가지 유형으로 나뉘어요. 경량 포스트 에디팅 Light PE은 번역의 전반적인 의미가 전달될 수 있도록 최소한의 수정만 가하는 방식이에요. 가독성을 유지하면서 기본적인 오류만 수정하며, 완벽한 문장보다는 이해할 수 있는 문장을 목표로 해요. 원문과 한 줄 한 줄 대조하지 않아도 번역된 글을 읽으면 번역가는 대체로 어떤 문장이 어색한지 바로 알 수 있어요. 교정을 보는 과정과 비슷하죠. 이렇게 가벼운 포스트 에디팅은 주로 시간과 비용을 절감해야 할 때 사용

돼요. 정밀 포스트 에디팅 Full PE은 원문과 완전히 일치하는 정확한 번역을 목표로 하며, 문법, 스타일, 어휘 선택, 맥락 등을 모두 고려하여 기계 번역문을 사람이 완벽하게 다듬는 방식이에요. 이 과정에서는 최종 번역물의 품질이 사람이 처음부터 번역한 것과 유사하거나 동일할 정도로 높아야 해요. 포스트 에디터는 기계 번역의 강점을 활용하면서도 사람이 수동으로 번역하는 것에 비해 품질을 유지하면서 작업 시간을 단축할 수 있는 이점을 제공하지요.

편 출판사 입장에서는 번역 비용을 줄이고 시간을 단축하는 효과가 있을 것 같은데, 이게 번역가에게도 좋은 변화일까요?

이 그건 AI의 도입 여부보다 외서 출판의 수요에 더 좌우되지 않을까요. 만약 번역가가 포스트 에디터가 된다면 기존에 한 권당 원고료는 줄 수도 있겠지만 한 권의 책을 번역하던 시간에 여러 권의 책을 검수할 수 있겠지요. 그러나 외서 출판의 수요가 여전히 크지 않다면 번역가들은 — 지금도 생계유지가 만만치 않지만 — 그야말로 위기를 맞이하게 될 거고요.

다른 분야로 진출할 수 있나요

편 다른 분야로 진출할 수 있나요?

이 실제로 그렇게 진출하는 경우가 아주 많지는 않지만 출판 저작권 관련 일을 하는 경우가 있어요. 번역 출판 에이전시는 해외에서 성공적인 작품을 발굴하고, 그 작품의 번역 및 출판 권리를 확보하는 일을 주로 해요. 또 번역 작품의 출판 및 유통을 총괄하면서, 번역가와 출판사를 연결하는 역할이죠. 외국어를 잘하고 외국 출판 시장에 대해서 잘 안다면 출판 에이전시 일에 확실히 메리트가 있지요.

자기가 직접 출판사를 차릴 수도 있어요. 본인이 번역한 책을 출판하기도 하고, 좋은 작가의 작품을 발굴해 출판하기도 해요. 요즘 출판은 작업이 많이 외주화되어 있어요. 예전처럼 출판사 안에 각 부서가 있고 거기서 출판 관련한 모든 일을 하는 게 아니라 각 분야의 프리랜서와 계약을 맺고 일을 하죠. 그래서 혼자서도 충분히 출판사를 운영할 수 있어요.

그리고 번역가 출신으로서 자기 글을 쓰는 작가가 된 사람도 많아요. 제가 보기에는 에세이스트도 많지만 스릴러 소설을 쓰거나 학술적 성격이 강한 특정 분야의 책을 쓰신 분들도 있어요. 아, 그리고 번역과 관련한 책을 내는 분들이 많아요.

사실 번역가로 활동하는 사람 중에는 작가의 꿈을 가졌던 사람들이 많아요. 그런 사람들은 번역 일을 하면서도 틈틈이 글을 써서 소셜미디어에 올리는 등 꾸준히 자기 글을 쓰면서 작가의 길에 한 발짝 다가가시더라고요.

PUBLISHING TRANSLATOR

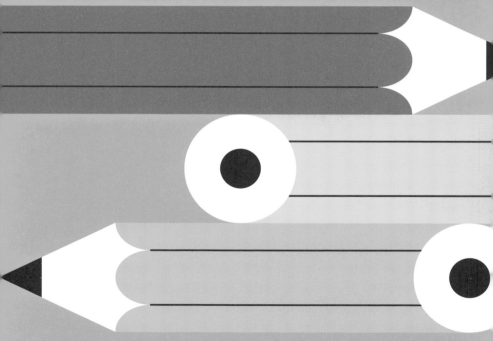

이세진
출판번역가에게
궁금한 이야기

일을 하면서 보람을 느꼈던 순간은 언제인가요

편 이 일을 하면서 보람을 느꼈던 순간은 언제인가요?

이 제가 번역한 책이 독자들에게 큰 위로가 되었다는 것을 알았을 때 사람들과 연결되어 있다는 느낌이 들고 보람을 느껴요. 가깝게는 가족들이 좋아할 때 보람이 커요. 제가 어린이책을 꽤 많이 번역했는데 아이와 아이 친구들이 좋아하는 모습을 보면 특별한 보람이 있지요. 그리고 자주 있는 일은 아니지만 저자가 한국을 방문해 만날 기회가 있어요. 우리나라에서 기대 이상으로 좋은 반응을 얻었던 어떤 저자는 저에게 '당신이 나의 목소리가 되어주었다'라고 말해주었어요. 그럴 때 존중받는 느낌이 들고 뿌듯하죠.

편 저자의 목소리가 되어주었다는 말은 번역가에게 최고의 찬사 같아요. 그 저자는 누구였나요?

이 에르베 르 텔리에의 『아노말리』라는 소설이 있어요. 세계 3대 문학상인 공쿠르상을 수상한 책으로 프랑스에서만 110만 부가 팔리면서 세계적으로 유명해져서 여러 나라에서 번역 출간을 했어요. 그런데 이 책이 형식을 번역해야 하는 면이 있어서 몇몇 대목은 외국어로 번역하기가 참 어려운 책이에요. 그래서 여러 나라의 번역가들이 몇 달에 걸쳐 온라인으로 회의를 하고 그래도 풀리지 않는 문제는 저자에게 문의했어요. (참고로, 우리나라는 번역이 좀 늦게 시작됐기 때문에 저는 이 과정에 참여하지 않았어요.) 어쨌든 그때 저자가 번역가들의 지적을 통해 처음부터 설정 오류가 있다는 것을 발견하고 원작을 수정하기도 했죠. 번역가들을 통해서 원작의 오류가 발견되고, 그걸 반영해서 교정하게 된 거예요. 그분이 그런 과정을 경험하고서 번역가들이 정말 꼼꼼하게 책을 제대로 읽는 사람들이라는 걸 느끼셨대요. 그래서 번역가인 저를 존중해 주시고, 좋은 말씀도 많이 해주셨죠.

편 굉장히 흥미롭고 생각할 거리가 많은 책으로 국내에서도 큰 관심을 받았던 작품으로 기억해요.

이 사실 저는 그 책의 출간이 임박했을 때 받았어요. 저자의 방한 일정이 넉 달 후인데, 그때부터 번역을 시작해서 편집, 교정, 출간, 홍보까지 끝내야 하는 상황이었어요. 그래서 아쉽게도 다른 나라 번역가들과 직접 소통하지는 못했어요. 하지만 그 사람들이 번역하는 과정에서 들었던 의문과 해결책을 구글 스프레드시트에 다 남겨놓았더라고요. 어떤 것을 정정했는지, 어떤 의미로 규정했는지 하는 내용이 기록으로 남아있어서 저는 뭔가 무임승차를 하는 기분도 들었어요. (웃음) 마치 해답지를 옆에 두고 문제를 푸는 것 같았다고 할까요. 만약에 아무런 정보도 없이 저 혼자 시행착오를 거치면서 작업했다면 그 기한에 도저히 맞출 수 없었을 거예요. 저자도 그 일로 번역가들이 얼마나 당신의 작품에 애정을 가지고 꼼꼼하게 일하는지 새삼 느끼셨던 것 같아요. 그래서 한국에 와서 (무임승차 번역가인!) 저에게도 고마운 마음을 많이 표현해 주셨어요.

편 저자를 직접 만나셨을 때 어떠셨어요?

이 그때 서울국제도서전에서 저자 강연도 크게 열렸는데 제가 건강상의 문제로 거기에는 참석하지 못했어요. 서울국제도서전은 하루에 1만 5천 명씩 방문하는 상당히 분주하고 복잡한 행사여서 제가 회복이 덜 된 상태에서는 못 가겠더라고요. 그래도 소규모 북토크에는 참여했어요. 거기서 저자를 뵙고 잠시 인사를 나눴지요. 그런데 그건 정말 잠깐이었고 사실 작업을 하는 과정에서 제가 좋아하는 장르나 작가에 대한 언급이나 인용을 보고 내적 친밀감을 쌓은 게 더 컸던 것 같아요.

에르베 르 텔리에 작가의 방한 행사.

전 세계의 책을 우리말로 풀어내는 멋진 직업
출판번역가

이 일을 위해 따로 노력하는 것이 있나요

편 이 일을 위해 따로 노력하는 것이 있나요?

이 가장 기본적인 것은 컨디션 관리라고 할까요. 너무 무리하지 않고 매일 꾸준히 작업하기, 일주일에 두세 번은 운동하기, 가끔 장소를 바꾸어가면서 일하기, 뭐 그런 정도예요. 그리고 프랑스 출판계의 최근 동향을 파악하려고 노력해요. 요즘 프랑스에서 잘 팔리는 책은 무엇인지, 어떤 이슈가 있는지 찾아보죠. 출판사나 에이전시에서 저한테 신간 검토를 해달라는 요청이 있어요. 저작권을 살지 말지 결정하기 위해서는 어떤 책인지 알아야 하니까요. 보통 제 연차 정도면 신간 검토는 거절하는 경우가 많은데 저는 그런 요청이 들어왔을 때 시간이 있으면 전자원고를 대충이라도 읽어보고 프랑스 도서 사이트에서 독자 서평이 어떻게 달렸는지 검색해요. 그런 일이 금전적으로는 도움이 안 되지만 전체적인 동향을 파악하는 데는 도움이 되거든요. 그래서 웬만하면 거절하지 않는 편이에요.

그리고 프랑스 언론사와 대형 출판사 SNS 피드는 매일 봐요. 프랑스 사회에 어떤 일이 벌어지고 있는지 알고 있으면 책을 옮길 때 큰 도움이 돼요. 예를 들어 노란 조끼 운동 Le Mouvement des Gilets Jaunes 당시의 뉴스를 계속 읽어왔다면 책에서 노란 조끼 운동이 언급됐을 때 바로 이해할 수 있어요. (노란 조끼 운동은 2018년 프랑스 정부의 유류세 인상을 계기로 일어난 대규모 시위로 참가자들이 차량에 긴급 상황에 대비해 비치해놓은 노란 조끼를 입고 나와서 그 이름이 붙은 거예요.) 그래서 저는 프랑스 사회가 어떻게 돌아가고 있는지 어느 정도는 알고 있으려고 해요.

꼭 프랑스에만 관심을 두는 건 아니에요. 유럽은 공통된 뉴스도 많아서 때로는 이탈리아 언론, 스페인 언론이 프랑스 언론과 똑같은 기사를 실을 때도 있어요. 이렇게 유럽 사회가 공통된 관심사를 가지고 있다는 것을 아는 것도 제가 하는 일에 도움이 돼요. 그리고 해외 출판사 피드는 최근의 신간, 문학상 후보작과 수상작, 베스트셀러 소식 등을 파악하기 위해 들여다봐요.

편 번역 출간된 책을 홍보하는 일도 하시나요?

이 음, 그게 제 본연의 임무는 아니라고 생각하지만 홍보에 도움이 되는 일이 있으면 적극적으로 협조해요. 저는 누구나 볼 수 있는 곳에 개인적인 글을 쓰는 타입이 아니어서 SNS를 오랫동안 하지 않았는데 출판사에서 그래도 독자와 소통하는 계정 하나는 있어야 한다고 권유하셔서 인스타그램 계정을 만들었어요. 그냥 제가 번역한 책이 나오면 생존 신고를 하는 정도? 주로 제가 작업한 원서와 번역서 사진을 찍어서 올리고 있어요. 원서가 저한테 못 온 경우는 번역서만 올리고, 작업한 책과 관련해서 중요한 이슈를 발견하면 그것도 올리고요. 그런 사진이 축적되니까 저의 포트폴리오처럼 보이기도 해요. 이 정도만 해도 어쨌든 책이 노출되니까 출판사에서 좋아하더라고요.

사실 번역한 책에 관한 이야기를 SNS에 올리는 것도 책 판매에 도움이 되고, 더불어 그런 매체를 활용해서 자기 자신을 잘 알리는 번역가들도 있고요. 이런 책을 번역했다고 올리면 그것을 보고 해당 분야의 다른 책을 번역 의뢰하는 출판사도

Job
Propose 76

142

가끔 있는 북토크는 예쁜 책방이나 도서관을
방문하는 기회가 되기도 해요.

있어요. 글을 재미있게 쓰는 사람이라면 에세이를 써서 책으로 출간하자는 제의도 받고요. 따라서 이런 매체를 적극적으로 활용하는 것도 바람직하다고 생각해요.

직업적인 습관이 있다면 무엇일까요

편 이 일을 하면서 가지게 된 직업적인 습관이 있으세요?

이 저는 취미가 독서예요. 번역할 책이 아니라도 평소에 책을 많이 읽는 편인데, 읽다 보면 어느새 오, 탈자를 찾거나 교정을 보고 있어요. 이건 출판계에서 일하는 사람이라면 아마 대부분 그럴 거예요. 그리고 저는 더 나아가서 번역서를 볼 때 '이 단어의 원어가 뭘까? 이 단어의 표현은 어디서 나왔지?' 이런 생각을 할 때가 많아요. 예를 들어 '억압'이라는 단어를 보면 정신분석학에서 말하는 'refoulement'인지 아니면 사회적 맥락의 'suppression'인지 생각하는 거예요. 대부분은 문맥으로 원어가 무엇인지 파악할 수 있는데 가끔 문맥 자체가 모호해서 확신이 서지 않을 때가 있죠. 그러면 원어를 궁금해하다가 '내가 왜 이걸 궁금해하고 있지?'하고 반문할 때가 있어요. 그냥 재미로 읽는 책이고 그걸 몰라도 독서에 별 지장이 없는데 말이에요. 그게 직업적 습관이라면 습관 같네요.

편 다른 번역가들은 어떤가요?

이 본인이 원하는 대로 일하는 환경이나 도구가 갖춰져야 집중할 수 있다는 사람들이 꽤 많아요. 출판번역가들은 한글 프로그램을 사용하는 경우가 많아요. 맥북으로 워드 프로그램을 사용하는 번역가도 있지만 예전에 쓰던 대로 한글 프로그램을 쓰는 경향이 있어요. 스크린을 반드시 두 개 놓고서 한쪽 화면에 원서를 띄우고 다른 쪽 화면에 번역문을 써야 일이 잘된다는 사람도 있고요. 저는 웬만하면 원서를 보거나 원문을 인쇄해서 종이를 보고 번역하는 게 편해요. 이렇게 책상과 의자, 작업 도구 등에 대해 좀 예민한 성향의 번역가들이 있어요. 본인에게 익숙한 도구를 사용하는 게 편하니까 그 습관을 유지하는 거예요. 번역가는 여러 장비가 필요 없으므로 기본적으로 장소를 자유롭게 옮겨가며 일할 수 있지만 오히려 특정 장소, 특정 도구를 고집하는 번역가들이 꽤 있어요. 자신만의 습관이나 루틴인 거죠.

편 집중력이 필요한 일이라 그런 건가요?

이 그런 루틴이라도 있어야 자기 관리를 쉽게 하기 때문인 것 같아요. 자기가 몰입하기 좋은 환경에 대한 고집이라고 할까요.

스트레스 해소는 어떻게 하세요

편 번역가님에게는 어떤 스트레스가 있나요?

이 일 자체에서 느끼는 스트레스는 많지 않은 편이에요. 일을 제대로 하기 힘든 환경이 되었을 때 스트레스를 받죠. 이건 기혼 여성 프리랜서라면 누구나 겪는 문제인 것 같아요. 마음 편하게 일에 몰입할 수 없게 만드는 변수와 환경이 너무 많으니까요. 가사노동, 아이가 크면서 새롭게 부딪히는 문제들, 나이가 들면서 생기는 신체적, 정신적 문제들이 있는데 저희는 유급휴가, 병가, 휴직과 복직, 실업급여 이런 제도의 바깥에 있기 때문에 어떤 일이 생겨도 약속한 작업을 기한 내에 해내야 한다는 스트레스가 커요.

편 스트레스 해소는 어떻게 하세요?

이 책을 읽어요. 다만, 스트레스 해소용으로는 일본 추리 소설처럼 가벼운 책을 읽어요. 내가 고민할 필요 없는 책을 읽으면 머리가 좀 가벼워지는 느낌이에요. 저에게 독서가 늘 먹는 밥이라면 가끔은 새로운 반찬을 먹는 것처럼 새로운 일을 찾아서 스트레스를 풀기도 해요. 좀 더 어렸을 때, 그러니까 이 일을 처음 시작할 때는 순정만화를 그리는 취미가 있었어요.

한동안은 공연을 열심히 보러 다녔고, 이탈리아어를 배우는데 빠져 있기도 했어요. 그때그때의 '덕질'이 스트레스 해소에 도움이 되는 것 같아요. 몰두하는 대상은 계속 달라지지만요.

편 요즘엔 어떤 것을 하세요?

이 자주는 못 가지만 요즘은 미술관에 가는 게 그렇게 좋더라고요. 제가 여행을 많이 다니는 편은 아니지만 여행을 가면 미술관을 꼭 일정에 넣곤 했는데 우리 가족 중에서 미술관 가는 걸 좋아하는 사람은 저밖에 없어서 항상 뭔가 좀 불편한 마음이 있었던 것 같아요. 그런데 어느 날 '외국에 가면 열심히 미술관을 찾아가면서 왜 우리나라 미술관은 두루 다녀보지 않았을까?'하는 생각이 들었어요. 그래서 국내 미술관이나 크고 작은 전시회를 좀 다니기 시작했어요. 오히려 가족 없이 혼자 다니거나 마음 맞는 친구 한 명 정도랑 다니니까 비로소 그림을 제대로 볼 여유가 생기더라고요. 유난히 마음을 끄는 그림 앞에서 좀 오래 멍하니 바라보는 그 느낌이 좋아요. 공연장이나 영화관에서 보내는 시간도 좋지만 그건 저에게 맞춰져 있지 않잖아요. 저는 좀 멈춰서 생각하고 싶고 음미하고 싶은데 공연이나 영화는 그 자체의 흐름이 있으니까 약간 떠밀려가는 기분이 들 때가 있어요. 그런데 그림은 제가 멈추고 싶으면 멈

추고 빨리 지나치고 싶으면 그렇게 해도 되니까 저만의 호흡으로 즐길 수 있어서 좋아요. 벌써 남에게 맞춰주기 힘든 나이가 된 건가요. (웃음) 어쨌든 지금은 그림을 볼 때 마음이 편안해지곤 해요.

번역과 관련해서 청소년에게
추천하고 싶은 책이 있을까요

편 번역과 관련해서 청소년에게 추천하고 싶은 책이 있으세요?

이 번역에 관한 책은 꽤 많이 나와 있어서 조금만 관심이 있다면 본인이 원하는 책을 어렵지 않게 찾아서 읽을 수 있어요. 그중에서 우리나라 출판번역가들이 고전처럼 여기는 책이 있어요. 이희재 선생님이 쓰신 『번역의 탄생』(교양인출판사, 2009년)이라는 책이에요. 이 책은 번역학을 공부하는 사람들, 출판번역가들이라면 대부분 한 번은 봤을 책이에요. 이 책을 출간할 당시에 이희재 선생님은 20여 년간 번역가로 왕성한 활동을 하고 계셨어요. 두 개의 언어 사이에서 고민하고 갈등하는 번역가의 모습, 외국어를 한국어로 번역하면서 알게 된 한국어의 고유한 개성과 특성 등 번역가라면 공감할 만한 내용이에요. 이 책을 읽고 번역의 세계에 대해 눈을 떴다는 사람도 많아요.

영어 번역가를 꿈꾼다면 윤영삼 선생님이 쓰신 『갈등하는 번역』(크레센도, 2023년)이라는 책을 추천해요. 번역은 선택하고 결정하는 과정이에요. 사실은 여러 가지 선택지를 놓고 갈등

속에서 선택하는 거죠. 이 책은 어떤 번역이 좋은 번역인가 판단할 수 있는 기준도 제시하고 있어요. 그리고 저처럼 프랑스어에 관심이 많다면 로렌스 베누티가 쓴 『번역의 윤리』(열린책들, 2006년)와 데이비드 벨로스의 『번역의 일』(메멘토, 2021년)이라는 책을 추천해요. 로렌스 베누티와 데이비드 벨로스 두 사람은 프랑스어-영어 번역가예요. 프랑스어는 영어와 다른 특수성이 있어요. 또 문화적 차이도 있죠. 이 두 책은 프랑스어의 영어와 다른 특수성과 문화적 차이를 잘 반영하고 있어요. 그래서 특히 저에게는 와닿는 내용이 많았어요.

편 영화나 드라마에 번역가로 등장하는 인물들도 있어요. 그들을 통해 번역가의 현실을 알 수 있을까요?

이 〈디어 마이 프렌드〉라는 드라마에서 고현정 배우가 번역가로 나왔어요. 정확하게는 작가가 되고 싶은 번역가였죠. 또 스릴러 영화 중에 〈9명의 번역가〉라는 것도 있어요. 하지만 영화나 드라마에 나오는 인물에게서 제가 아는 현실적인 번역가의 모습을 본 적은 없는 것 같아요. 제가 좋아하는 일본 만화 〈요츠바랑!〉에 나오는 아빠의 직업이 번역가예요. 유시진의 〈온〉에서도 주인공이 현실에서는 번역가였었나 그래요. 그런 식으로 직업 설정이 번역가로 되어 있는 경우는 많이 봤지만 번역가의 현실을 보여주는 인물들은 아니었어요. 혹시 모르죠, 제가 보지 않은 영화나 드라마에 현실에 있을 것 같은 출판번역가 캐릭터가 있을지도요.

편 그런데 왜 번역가라는 직업의 인물들이 창작품에 많이 등장할까요?

이 이 직업의 매력에 대해 물어보셨을 때 언급했듯이 대중이 번역가라는 직업에 대해서 약간 환상이 있어서 그렇지 않을까요. 번역가는 일단 시간 활용이 자유로울 것이라는 이미지가 있고, 다른 문화를 먼저 접하고 독자에게 전하는 매개자이기 때문에 외국 문화에 밝다는 이미지도 있지요. 사람들 사이에서 상처받는 게 두렵거나 인간관계를 피곤해하는 사람들에게는 사람 만나는 일이 거의 없어서 그러한 피로도가 적은 직업이라는 것도 마음에 들겠지요. 어쨌든 직장인 캐릭터보다는 뭔가 자율적으로 할 수 있는 일이나 시간이 많은 캐릭터로 설정 가능하지 않을까요.

책이 삶에 어떤 영향을 준다고 생각하세요

⊞ 거의 평생을 책과 함께 사셨다는 생각이 들어요. 혹시 번역하는 책이 번역가님의 삶에 영향을 준 게 있나요?

🔵 삶의 궤적에 따라 책이 왔다는 생각이 들어요. 저는 아이를 낳고 나서 처음으로 어린이책을 작업하게 됐어요. 사실 그전에는 성인 대상 도서만 작업했는데 엄마가 되고 보니 어린이책 작업이 너무 소중하더라고요. 특히 그림책을 번역해서 아이랑 그 책을 같이 읽을 때, 특별한 기쁨이 있었어요. 어떻게 보면 제 아이가 제가 번역한 그림책의 첫 번째 독자였던 거예요. 또 아이가 자라 사춘기가 되었을 때 청소년 소설을 번역하면서 그 또래 아이의 마음은 이렇고 행동은 이렇다는 것을 이해하는 데 도움이 됐어요. 4년 정도 시부모님과 함께 살 때는 묘하게도 노년에 관한 책을 많이 번역했어요. 우리나라가 고령화 사회를 맞이했기 때문에, 그리고 독서 인구도 나이가 들면서 40, 50대 독자들이 중요해졌기 때문에 노년에 관한 책이 그때 출판계에서 갑자기 좀 많아졌어요. 일본도 그렇지만 유럽도 우리보다 먼저 고령화 사회를 맞았기 때문에 관련 외서들이 꽤 있었죠. 그렇게 번역 작업으로 접하는 책들을 통해서 제가 제 삶에 대해서 이해하게 되는 부분이 있었어요. 다양한

<체리 토마토파이>를 좋아하는 독자들이 직접 만든 굿즈와 간식으로 준비한 북토크.

전 세계의 책을 우리말로 풀어내는 멋진 직업
출판번역가

코로나 시기에는 줌으로 북토크를 진행하기도 했네요. ✍

책을 번역하는 게 제 삶을 덜 지치게 하고 재미가 있다고 말하는 이유도 같은 맥락이에요.

연차가 쌓일수록 일이 쉬워지기도 하나요

🟦 연차가 쌓일수록 일이 쉬워지기도 하나요?

🔵 첫 책을 번역할 때 문장도 어렵고 내용도 생소해서 힘들다고 생각했어요. 이 책만 끝나면 다음 책은 쉬울 거라고 생각했죠. 그런데 그다음 책도 어려웠어요. 청소년 소설은 쉽겠지, 어린이책은 쉽겠지, 했는데 아니었어요. 동일한 어려움이 있는 건 아니지만 다 그 나름대로 어려움이 있더라고요. 어떤 책은 기술적인 어려움이 있고, 어떤 책은 공감하지 못하는 것에서 오는 어려움이 있고, 또 어떤 책은 제가 그 연령대에서 너무 많이 와버렸기 때문에 부딪히는 어려움도 있고요. 그래서 알게 되었죠. '모든 책은 어려움의 종류가 다를 뿐, 나름대로 어려운 부분이 있고, 그 어려움을 극복할 방법을 찾아 매달릴 때 번역이라는 일에 대해서 또 새롭게 배우는 바가 있구나'하고요.

🟦 쉬운 책은 없었다는 말씀이군요.

🔵 원문이 단순하면 문장과 문장 사이에 공백이 있을 수 있어요. 그러면 그사이를 채울 방법을 찾아야 하고, 원문이 너무 정교하면 우리말로 옮길 때 어려움이 있죠. 또 어떤 책은 무난해

보이는데 다른 문화에 대해 전혀 고려하지 않고 썼기 때문에 우리나라 독자를 만나기 위해서는 수정해야 할 게 많아요. 이렇게 모든 책은 그 나름의 문제가 있고 번역가에게 새로운 과제를 던져준답니다.

프랑스어의 어떤 매력에 끌렸나요

편 여러 언어 중에서 번역가님은 프랑스어를 선택하셨어요. 프랑스어의 어떤 매력에 끌렸나요?

이 사람들은 프랑스어가 낭만적이지만 어렵다고 생각하는데, 저는 프랑스어가 낭만적인지 잘 모르겠어요. 관념적인 면이 어렵기도 하지만 어떤 면에서는 텍스트를 읽을 때 영어보다 명료하다고 생각해요. 그리고 프랑스 사람들의 실제 말투는 약간 따지는 듯한 어조랄까, 운율감은 확실히 있지만 딱히 듣기 좋다거나 그런 건 잘 모르겠어요. 다만, 프랑스어 시 낭송이나 노래는 느낌이 또 달라요. 각운을 살릴 때, 그리고 노래를 할 때는 일상 대화에서 거의 발음되지 않던 단어 맨 끝의 'e'에 강세와 길이가 실리면서 극적인 효과가 생기지요. 특히 샹송은 음악에 가사를 붙이기보다는 말에 음을 붙인 느낌이랄까, 음유시인의 전통과 닿아 있는 곡들이 많아서 말 자체가 특히 아름답게 들리는 것 같아요. 어쨌든 프랑스어는 아름답고 우아하고 다소 여성적인 이미지가 있는데 저는 이 언어가 관념적이면서도 명료하고 문학뿐만 아니라 과학의 도구로도 적합한 면이 있다는 말을 하고 싶네요.

PUBLISHING TRANSLATOR

나도
출판번역가

다음 예문을 어린이책의 한 페이지라고 생각하면서 우리말로 옮겨보세요. 여기서 여러분에게 모범답안을 제시하지는 않습니다. 다만, 다음 질문에 비추어 스스로 번역문을 수정해보았으면 합니다.

①아이들에게 너무 어려운 단어가 있지는 않은지 살펴보세요.

②번역문을 소리내어 읽어보세요. 입에 잘 붙고 자연스러운 운율감이 있는지 생각하면서 고칠 수 있는 부분은 고쳐보세요.

③그림과 글을 함께 보면서 그림과 글이 어울리지 않거나 어색한 부분이 없는지 살펴보세요.

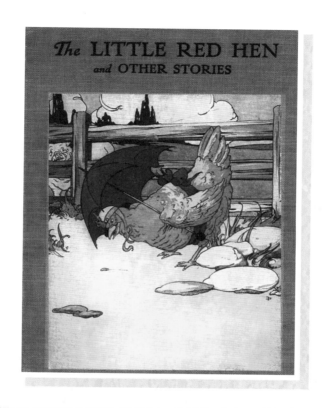

THE LITTLE RED HEN An Old English Folk Tale
Retold and Illustrated
by FLORENCE WHITE WILLIAMS

The Saalfield Publishing Company Chicago - Akron, Ohio - New York

PRINTED IN U. S. A.

전 세계의 책을 우리말로 풀어내는 멋진 직업
출판번역가

The Little Red Hen

A Little Red Hen lived in a barnyard. She spent almost all of her time walking about the barnyard in her picketty-pecketty fashion, scratching everywhere for worms.

_____

_____

_____

She dearly loved fat, delicious worms and felt they were absolutely necessary to the health of her children. As often as she found a worm she would call "Chuck-chuck-chuck!" to her chickies.

_____

_____

_____

_____

When they were gathered about her, she would distribute choice morsels of her tid-bit. A busy little body was she!

A cat usually napped lazily in the barn door, not even bothering herself to scare the rat who ran here and there as he pleased. And as for the pig who lived in the sty—he did not care what happened so long as he could eat and grow fat.

One day the Little Red Hen found a Seed. It was a Wheat Seed, but the Little Red Hen was so accustomed to bugs and worms that she supposed this to be some new and perhaps very delicious kind of meat. She bit it gently and found that it resembled a worm in no way whatsoever as to taste although because it was long and slender, a Little Red Hen might easily be fooled by its appearance.

_____

_____

_____

_____

_____

_____

THE LITTLE RED HEN

전 세계의 책을 우리말로 풀어내는 멋진 직업
출판번역가

다음 예문을 성인 대상 도서의 한 페이지가 될 수 있게 번역해 보세요.

Everybody is irrational some of the time, and the more complex the decisions to be taken, the more irrational they are. It might be thought that the main cause of irrational behaviour is that emotion clouds judgement. Although this is a factor, it is not the most important. There are many inherent defects in the ways people think and it is mainly these that will be examined here.

Irrationality can only be defined in terms of rationality, so one must ask what it is to be rational. Rationality takes two forms. Rational thinking leads to the conclusion that is most likely to be correct, given the knowledge one has. Rational decisions are more complicated, since a decision can only be evaluated if we know its objective: a rational action is the one that, given the person's knowledge, is most likely to achieve his end. Rationality can only be assessed in the light of what a person knows: it would be foolish for anyone who had a minimal acquaintance with astronomy to try to reach the moon by climbing a tree, but the same behaviour on the part of a small child might be entirely rational even if somewhat misguided. It is important to distinguish irrationality from ignorance, which also exists on a large scale. In 1976, 40 per cent of American citizens thought that Israel was an Arab country, while today in Britain one in three thirteen-year-old children think the sun goes round the earth.

①번역문을 처음부터 끝까지 읽으면서 원문의 대명사들을 번역문에서 어떻게 처리했는지 살펴봅시다. 무엇을 지시하는지 분명하지 않은 대명사가 번역문에 남아 있지는 않나요?

_____

_____

_____

②in terms of, be likely to, in the light of, on the part of를 각각 어떻게 옮겼는지 살펴봅시다. 사전적 의미로만 옮겼다면 어떤 식으로 처리할 때 독자가 더 자연스럽게 읽을 수 있을지 생각해 보세요.

_____

_____

_____

③원문의 구조에서 벗어나 문장이 전달하는 내용을 여러분이 다시 쓴 문장이 있나요?

_____

④원문에서는 한 문장이지만 우리말로는 문장을 나누면 독자
　가 더 쉽게 이해할 수 있을 것 같은 부분이 있나요?

⑤만약 이 책이 청소년 대상 도서가 된다면 번역문을 어떻게
　수정하고 싶은가요?

PUBLISHING TRANSLATOR

출판번역가
이세진 스토리

 편 이세진 번역가님의 개인적인 이야기를 들어보려고 해요. 먼저 어린 시절엔 어떤 아이였는지 이야기해 주세요.

 이 저는 특별한 재능이 있거나 머리가 좋은 아이는 아니었지만 글을 빨리 깨쳤어요. 이게 친척들 사이에 영웅담처럼 퍼져서 제가 돌 때 글을 읽었다는 말도 안 되는 얘기까지 있는데, 아무튼 어른들이 신기해할 만큼 문자를 빨리 깨친 건 맞아요. 그리고 어렸을 때는 집에서 책 읽는 것밖에 하지 않았어요. 실은 제가 국민학교에 입학하기 전에 아주 큰 화상을 입었어요. 화상 치료는 굉장히 고통스러웠어요. 괴사한 생살을 긁어내고, 드레싱하고, 또 드레싱을 갈 때 살이 다 찢어지는 거예요. 지금은 어떤지 모르겠지만 당시에는 특별히 고통을 줄이는 조치 없이 이 과정을 한동안 반복했어요. 어머니가 처치실 밖에서 제가 울부짖는 소리를 들으면서 실신할 정도로 울곤 하셨죠. 옛날에 〈지선아 사랑해〉(2014년)라는 다큐멘터리가 있었는데요. 주인공 이지선 씨는 음주 운전 차량이 낸 사고로 전신 화상을 입었지요. 그분은 화상으로 망가진 몸의 상처를 가지고도 희망을 잃지 않고 사람들에게 좋은 가르침을 주었고 대학 교수가 되셨어요. 어쨌든 감동적인 휴먼 다큐멘터리인데 저랑 저희 어머니는 그 프로그램이나 그분이 쓰신 책을 도저히 못 보겠더라고요. 화상 치료의 아픔을 떠올리고 싶지 않아서요.

🔴편 어른도 참기 힘든 고통이었을 텐데 정말 힘드셨겠어요.

🔵이 화상을 치료하고 피부이식 수술을 받고 재활을 마칠 때까지 1년 반 정도 걷지도 못하고 집안에서만 생활했어요. 그때 제 친구가 되어준 게 책이었어요. 비유적인 의미가 아니라 현실이 그랬어요. 유치원도 못 다니고 집에 틀어박힌 저를 위해 어머니는 책을 정말 많이 사주셨어요. 제가 종일 책을 읽으면서도 지루해하지 않고 다른 애들처럼 밖에 나가서 놀고 싶다고 칭얼거리지도 않으니까 좋아하는 책이라도 실컷 보라고 많이 사주셨어요. 지금 생각하면 제가 안쓰러워서 좀 무리하면서까지 닥치는 대로 사주셨던 것 같아요.

🔴편 어떤 책을 읽으셨어요?

🔵이 가리지 않고 책이라면 다 읽었어요. 만화책이든 소설이든 책이라면 뭐든지요. 제가 어렸을 때는 어린이책이 지금처럼 다양하지 않았어요. 국내 창작물은 아주 적었고 계몽사나 삼성당 같은 출판사에서 외국 동화나 소설을 번역한 전집이 있었어요. 학교에 들어가기 전이었으니까 정확히 그 나이에 맞는 책은 별로 없었지만 사실 그때는 내 나이에 맞는 책을 읽어야 한다는 개념도 없었어요. 그냥 읽을 수 있으면 다 읽었던 것 같아요. 그리고 시간은 많은데 가진 책은 한계가 있으니까

읽었던 책을 읽고, 또 읽고, 반복해서 읽었어요. 책이 저에게는 시간을 보내는 유일한 방법이었죠.

편 집에서만 생활하는 게 힘들지는 않았나요?

이 병원에 갈 때가 무서웠지 오히려 집에 있을 때는 평화로 웠어요. 그냥 책을 읽으면서 하루하루 잘 지냈던 것 같아요. 지금도 저는 외출하고 싶다거나 사람들을 만나고 싶다는 욕구가 크지 않은 편이에요. 어쩌면 그때 이미 지금 제 모습의 여러 가지가 결정됐구나 싶은 생각도 들어요. 글을 읽는 작업 자체에 별로 지치지 않는 것도 아주 어릴 때 그렇게 살아봤기 때문일지도 몰라요.

편 결과적으로 보면 어렸을 때부터 번역 문학이 익숙했겠어요.

이 그런 것 같아요. 번역이 뭔지도 몰랐고 번역 문학이라는 개념도 몰랐지만 외국 동화나 소설을 많이 보고 자랐지요. 그런데 제 또래는 대부분 그럴 거예요. 이원수 선생님, 신지식 선생님의 아동문학도 읽었던 기억이 나지만 우리 때는 번역서를 주로 읽고 자랐지요. 그리고 지금은 우리나라가 문화강국으로 올라서서 그런 콤플렉스가 덜하지만 제가 어릴 때만 해도 '문화사대주의' 아닌가 싶을 정도로 우리가 외국 문화를 배워야 한다는 생각이 강했어요. 그리고 당시에는 책이 가장 강력한 문화 매체였고요.

편 국민학교 생활은 어떠셨어요?

이 다행히 국민학교 입학 시기와 수술 후 재활치료가 끝난 시기가 맞아떨어져서 제 나이에 학교에 들어갈 수 있었어요. 재활치료가 늦어졌다면 휠체어를 타고 학교에 다닐 수도 있었는데 다행히 입학 전에 웬만큼 걸을 수 있게 되었죠. 그래도 걷는 모습이 좀 이상하게 보였는지 아이들에게 놀림 받고 그랬어요. 저희 집에서는 제가 제 발로 걸어 다닐 수 있는 것만으로도 다행이라고 여겼어요. 저는 그 후로도 신체활동을 거의 하지 않고 집에 틀어박혀 있기를 좋아하는 아이로 살았어요. 부끄럽다면 부끄러운 얘기지만 저는 지금도 자전거, 수영, 운전, 그 밖에도 몸을 써서 하는 일은 거의 다 못 하거나 안 해요.

편 중고등학교 시절은 어떻게 보내셨어요?

이 평범하고 잔병치레가 많은 학생이었어요. 공부에 그렇게 열의가 있는 건 아니었는데, 그때도 책은 꽤 읽었어요. 만화책을 좋아했고 순정만화를 좀 잘 그리는 편이었어요.

편 대학에서 철학을 전공하셨어요. 선택한 이유가 있나요?

이 철학을 특별히 공부하고 싶다는 생각은 없었던 것 같아요. 고등학교 때도 생각하고 책 보는 건 좋아했는데 문학을 전공하고 싶지는 않았어요. 윤리 시간에 철학자들에 관해 배울 때 처음 접했던 관념들이 좀 재미있고 호기심이 들었던 것 같아요. 대학에 진학해서는 서양 철학 위주로 공부했고 동양 철학은 정말 필수과목만 들었어요. 그런데 1990년대에는 프랑스 문학이 우리나라에서 많이 출판되었어요. 저는 당시에 프랑스 번역 문학을 많이 읽은 편이어서 프랑스 철학이나 프랑스어에 자연스럽게 관심이 갔던 것 같아요. 시몬 드 보부아르나 사르트르도 저는 그들이 쓴 소설을 통해서 처음 접했어요.

편 철학을 전공하셨는데 프랑스어는 어떤 계기로 공부하게 되었나요?

이 대학 다닐 때 영화 동아리 활동을 했는데 영화 용어 중에 프랑스어가 많더라고요. '미장센 mise en scène'이라든가 '몽타주 montage'라든가. 그런데 프랑스어는 묵음이나 연음이 있어서 문외한에게는 단어를 발음하는 법 자체가 어렵잖아요. 그래서 프랑스어를 소리내어 읽을 수 있는 정도로만 배워보려고 했는데 그 언어가 생각보다 재미있고 적성에 맞았어요. 그래서 저희는 당시에 어차피 부전공을 하나 해야만 졸업 가능한 학교였기 때문에 부전공으로 프랑스 문학을 하게 됐어요. 운좋게도 당시 만났던 교수님이 학생들에게 카리스마와 열의가 있는 분이셨어요. 대학원에 진학할 때도 학문을 계속하겠다든가 하는 구체적인 계획이 있었던 건 아니고 그냥 '재미있으니까 한번 가볼까?' 이런 마음이었죠.

🔵편 번역과는 어떻게 인연을 맺게 되었나요?

🔵이 대학원에 다닐 때였어요. 조교실에 있는데 전화가 한 통 걸려 왔어요. 어느 출판사인데 아르바이트로 초벌 번역할 대학원생을 구한다는 거였죠. 그때 오만 가지 아르바이트를 열심히 할 때여서 그냥 바로 전화기에 대고 "제가 할게요!"하고 지원했어요. 그렇게 번역 아르바이트를 시작했는데, 그 출판사에서 제가 번역한 것을 보고 그냥 그대로 제 이름으로 출판을 하자고 제안했어요. 사실 저는 제 이름으로 책이 나온다는 생각은 전혀 없었고 정말 초벌 번역 아르바이트로만 생각했거든요. 어쨌든 출판사에서 저를 좋게 봐주신 셈이니 기분 좋은 일이었지만 그때까지만 해도 번역가가 될 마음은 없었어요. 대학원 졸업하고 다른 선배들처럼 프랑스 유학을 가고 싶었어요. 그런데 제가 바로 유학을 갈 형편이 안 돼서 어떤 회사에

들어갔는데 그때 어렴풋이 저는 회사 생활보다 프리랜서가 적성에 맞는 것 같다고 생각했어요.

편 프랑스 유학 생활은 어떠셨어요?

이 회사 다니면서 모아둔 돈으로 프랑스에 갔어요. 막상 가서 보니까 공부가 단기간에 끝날 것 같지 않고 그렇다고 일을 하면서 박사 과정을 할 수 있을 것 같지 않았어요. 프랑스는 학비는 거의 들지 않지만 생활비가 필요하고 이공계가 아니면 장학금을 받기도 쉽지 않아요. 어쨌든 유학 생활을 하려면 한국에서 적은 돈이라도 꼬박꼬박 보내줘야 하는데 저는 도움을 받을 수 있는 상황이 아니었어요. 누구는 박사학위를 받는 데 7년이 걸렸다, 그것도 일찍 끝낸 사람이고 10년 넘게 걸린 사람도 많다, 이런 얘기들을 들으면서 제가 그렇게 오랜 시간 일과 공부를 병행할 수 있을지 냉정하게 생각했어요. 그래서 1년 정도 어학 공부하고 관심 있는 과목들을 청강하고 한국으로 돌아왔어요.

편 한국으로 돌아와서 번역가로 자리 잡으신 건가요?

이 처음엔 출판사에서 일하는 지인들, 전에 인연을 맺은 출판사들에 연락해서 번역 의뢰나 다른 사람의 번역을 원문 대조하는 아르바이트를 받았어요. 제가 번역한 책이 몇 권 나온 다음부터는 제가 먼저 일을 구하지 않아도 의뢰가 들어왔어요. 번역가로 자리를 잡는 데 크게 힘든 점은 없었어요. 그때부터 지금까지 20년 이상 제가 일을 쉬거나, 일이 들어오지 않아서 끊긴 적은 없어요. 제가 의뢰가 들어오는 책을 까다롭게 고르지 않아서 그런 걸지도 모르지만 아무튼 지금까지 지속적으로 일을 하고 있습니다.

편 프리랜서 번역가로서 끊임없이 일을 한다는 게 쉬운 일은 아닌 것 같아요. 이 일을 하면서 어려운 순간도 있었을까요?

이 제가 번역가가 되고 나서 얼마 지나지 않아 일어났던 일이에요. 제가 어떤 책에서 오역을 했고, 그걸 다른 번역가가 지적했어요. 그런 지적을 받으니까 제 역량이 부족한 것 같다는 절망감이 들더라고요. 그런 실수를 했다는 것도 수치스럽고 '내가 이 일을 하면 안 되는 사람인가?'하는 자괴감도 들고 하여간 너무너무 괴로웠어요. 생각해 보면 그때 '제가 잠시 착각해서 오류를 저질렀습니다'하고 실수를 빠르게 인정하고 바로잡으면 되는 일이었어요. 물론 그렇게 인정하고 출판사에 사과도 하고 잘 처리하긴 했어요. 문제는 제 감정이었어요. 제가 그때 산후우울증과 불면증이 심했던 때라서 오역한 일로 세상이

무너지는 것 같고 그냥 죽고만 싶은 과장된 감정에 휩싸였었죠.

사실 아이가 두 돌 정도 될 때까지는 정말 하루하루가 힘들었어요. 지금 돌아보면 그때 1, 2년 쉬었어도 일을 다시 할 수 있었을 것 같은데 당시에는 겨우 자리를 잡았는데 지금 일을 손에서 놓으면 안 된다는 생각이 커서 너무 무리를 했어요. 도우미 아주머니를 써가면서 일을 했는데, 문제는 제가 출퇴근을 하는 직업이 아니잖아요. 엄마가 집에 있으면 아주머니가 계셔도 아이는 엄마에게 가겠다고 떼를 쓰지요. 그래서 어떤 날은 제가 나가서 일하기도 하고 아주머니가 아이를 데리고 밖으로 나가서 시간을 보내고 오시기도 했죠. 아주머니가 퇴근하면 그때부터는 제가 소위 독박육아를 했는데 그런 식으로 한시도 긴장을 늦추지 못하고 살다 보니 나중에는 수면 장애가 너무 심해졌어요. 3년 정도 수면제에 의존했고 수면제를 완전히 끊기까지 또 몇 년 걸렸어요. 저희는 육아휴직이라든가 그런 게 없고 누군가에게 일을 의뢰받지 못하면 바로 백수가 되기 때문에 제가 그 시기에 일을 쉬는 걸 지나치게 두려워했던 것 같아요.

편 재택근무를 하는 프리랜서 엄마들이 겪는 어려움을 번역가님도 겪으셨네요.

🔵 지금 생각하면 번역으로 버는 돈의 상당 부분을 도우미 월급으로 쓰면서 그렇게까지 해야 했나 싶다니까요. 과거의 저에게 "아이가 좀 자라고 네 몸도 회복될 때까지 잠시 쉬어도 돼. 그래도 넌 이 일 계속할 수 있어"라고 말해주고 싶어요. 그런데 한편으로 그때는 육아만 하고 싶지 않았던 것 같기도 해요. 어쨌든 내가 좋아하는 것에서 잠시도 멀어지고 싶지 않은 심리도 있었을 거예요.

🔵 일을 그만두고 싶지는 않았나요?

🔵 빈말처럼 "나 그만둘래" 소리는 많이 했지만 진심은 아니었던 것 같아요. 기본적으로 일을 재미있어하는 편이거든요. 그때도 그렇고 지금도 그래요. 그래서 일을 잘 못해서 자괴감이 들 때도, 일과 육아를 병행하기가 너무 힘들 때도, 너무 좋아하는 일이라 그만두지는 못하겠더라고요. 사실 번역에 대한 비판을 받으면 오히려 '더 정신 차려서 해야지, 한 번 더 확인하고 한 번 더 생각해야지'라고 마음 자세를 달리하고 일을 더 소중하게 생각하게 되는 면도 있어요.

🔵 앞으로 하고 싶은 일은 무엇인가요?

읽고 쓰는 구석방에서 '나다운 사람' 되는 시간

**'울리포' 프랑스어 번역의 어려움
작가 밑지만 도전 끝 보람 커
25년간 우직하게 매년 1만매 옮겨
가장 마음 편한 시간 포기 못해**

수정 2022-03-04 09:21 등록 2022-03-04 05:00

[한겨레Book] 번역가를 찾아서 - 이세진 프랑스어 번역가

이세진 번역가를 성남시 분당구 정자동에 있는 독립서점이자 북카페 '좋은 날의 책방'에서 만났다. 자택 인근에 있는 이곳은 책을 사랑하는 그의 쉼터이자 또 다른 작업 공간이다.

두 달간 대마왕과 사투를 벌인 이세진 번역가의 표정이 뜻밖에 차분하다. 그는 지난 연말 출판사의 '초긴급' 요청을 받아 2020년 공쿠르상 수상작인 에르베 르 텔리에의 <아노말리>(L'Anomalie, 변칙) 번역에 매달렸고, 인터뷰 전날 원서의 맨 마지막 단어 'f-i-n-e'(세로로 쓰여 있다)를 'ㄲ — ㅌ'으로 옮겨 마무리한 뒤 출판사에 넘긴 참이다.

> 인터뷰는 번역이라는 일에 대한 관심을 느낄 수 있는 또 다른 기회이기도 합니다.

이 저는 앞으로도 번역을 하고 싶어요. 그런데 고민은 있죠. 나이가 들면서 체력의 한계도 느끼고 지적인 능력도 예전만 못하다고 느낄 때가 있어요. 대화를 나누다가 어떤 명사가 생각나지 않아서 "그게 뭐지? 왜 있잖아, 그거"라고 묻는다든가 할 때요. 일을 하면서도 느끼는 게, 전에는 원문을 보면 바로바로 문장이 떠올랐는데 지금은 오히려 속도가 느려진 것 같아요. 역어를 고를 때도 약간 버퍼링이 걸리는 느낌?

저는 지금까지 출판번역가로서 쉼 없이 일을 했어요. 그래서 이제 신체적, 정신적 한계를 인정하고 차차 여유를 가지고 일을 해야 할 것 같아요. 하루에 두세 시간 정도, 문장을 좀 더 곱씹으면서, 일 년에 두어 권 정도 하면 어떨지 생각하죠. 하지만 일을 아예 그만둘 생각은 없어요. 여전히 번역은 저에게 즐거운 일이니까요. 남는 시간에 몸으로 하는 일을 해볼까도 생각해요. 화초를 가꾼다거나 요리한다거나 하는 식으로 다른 사물을 직접 손으로 만지고 몸을 움직이면서 하는 일 말이에요.

편 잡프러포즈 시리즈의 출판 제안받고 어떤 마음으로 수락하셨나요?

이 제가 번역이라는 주제로 어떤 기술적인 문제에 대해서는

동료 번역가와의 대담 자리에서.

다른 사람과 차별화된 이야기를 해줄 수 있을 것 같지는 않았어요. 그런데 저는 프랑스어와 영어 외서들, 그리고 매우 다양한 분야의 책을 번역했기 때문에 다양성의 측면에서는 청소년들에게 해줄 이야기가 있을 것 같다는 생각이 들었어요. 만약 저보고 글을 써달라고 했다면 수락하지 않았을 것 같아요. 저는 글을 쓸 때 자기검열이 심한 사람이라서 진척을 보기가 어렵거든요. 그런데 이 책은 인터뷰 형식으로 전하고 싶은 이야기를 말로 하면 되니까 글을 써야 한다는 부담이 적어서 책 출판에 참여하게 되었어요.

그리고 제가 이 일을 한지 26년 정도 된 것 같아요. 제가 오랫동안 했고, 앞으로도 계속할 일인데, 지금 시점에서 저의 일과 삶이 정리되는 계기가 되지 않을까 생각했어요.

편 번역가 중에는 본인이 글을 써서 책으로 출간한 분도 많으시던데요.

이 많죠. 번역도 글을 쓰는 직업이라 작가와 병행하거나 전업 작가가 된 사람들도 있죠. 사실 저도 출판사와 집필 계약까지 한 적이 있었어요. 번역가인 제가 프랑스 고전소설을 읽으면서 느끼는 것, 생각하는 것을 자유롭게 쓰는 프로젝트였죠. 그런데 결국 책을 못 썼어요.

🔲 책도 많이 읽으시고 번역도 오래 하셔서 본인의 글도 잘 쓰실 것 같은데 왜 포기하셨어요?

🔲 일단 저는 일상 에세이를 쓸 생각이 전혀 없었고요. 다만 그 책은 발자크의 〈고리오 영감〉 같은 프랑스 작가의 작품들에 대해서 글을 쓰는 것이었기 때문에 저도 쓸 수 있겠다 생각하고 수락했어요. 그런데 쓰다 보니 (다른 사람이 보면 어떨지는 모르겠지만) 제 기준으로 볼 때 'TMI' 같아서 자꾸 썼다 지웠다 하게 되더라고요. (웃음) 그리고 제가 당시 번역 일만 해도 너무 많이 밀려 있었기 때문에 진도도 안 나가는 작업에 마음 편히 매달릴 수 없었어요. 그래서 그냥 엎었답니다. 음, 제가 지금과 같은 리듬으로 번역 작업을 하는 한 집필을 병행하기는 힘들 것 같아요.

🔲 진로를 고민하는 청소년에게 들려주고 싶은 이야기가 있으세요?

🔲 저도 딸을 키우기 때문에 청소년 시기에 진로에 대한 고민을 충분히 이해할 수 있어요. 딸아이와 그 친구들을 보면 진로에 대한 고민이 '앞으로 뭘 해서 먹고 살 것인가'와 같이 돈벌이와 구체적인 직업에 집중된 것 같아요. 물론 성인이 되어 사회생활을 준비하는 청소년에게 어떤 직업을 선택할 것인가 하

는 고민은 굉장히 중요하죠. 그런데 제가 경험하고 느끼기에 직업은 인생에서 차지하는 비중이 아주 커요. 그래서 저는 자신이 진짜 좋아하는 것을 먼저 찾으라고 얘기해 주고 싶어요. 좋아하는 것을 찾아서 그것이 직업으로 이어지면 가장 좋겠지만 만약 그렇지 않다면 다음 단계로 견디기 힘든 순간이 왔을 때 포기하지 않고 계속할 수 있는 일인가 고민해 봐야 한다고 생각해요. 저는 지난 25년 동안 일만 하고 산 것 같은 느낌이에요. 그런데 일을 하기 싫은 순간, 또는 견디기 힘든 시간이 왜 없었겠어요? 그런 시간을 이겨내고 계속 일을 할 수 있었던 원동력은 제가 책을 번역하는 시간을 좋아하기 때문이었어요. 요즘에 청소년이나 대학생이 진로를 결정할 때 전망이 좋은 직업, 미래에 살아남을 직업과 같이 '전망과 미래'에 초점이 있는 것 같아요. 그런데 저는 전망이나 미래는 잘 모르겠어요. 전망한들 미래가 똑같이 전개되는 것도 아니라 100퍼센트 믿을 수도 없고요. 그러므로 내가 좋아하는 것이 뭔지, 어떤 것은 어려움이 닥쳐도 계속할 수 있을 것인지 생각해 보는 시간을 가졌으면 좋겠어요. 좋아하는 일이 아니면 30년 이상 하는 건 정말 힘들어요.

제가 이렇게 얘기하면 비현실적인 이야기로 들릴 수도 있겠지만 자기가 좋아하는 일을 해야 오래, 재미있게 할 수 있다는

건 사실이랍니다.

편 오랜 시간 인터뷰에 응해주셔서 감사합니다. 선생님과 이야기하면서 언어와 언어의 간극, 문화와 문화의 간극을 메우며 독자에게 원작의 인상과 느낌을 전달하는 출판번역가의 세계를 알게 되었습니다. 출발어가 도착어로 옮겨지기까지 번역가가 끊임없이 선택한다는 것을 알게 되니 독자의 한 사람으로서 번역서를 읽을 때 어떤 자세가 필요한지도 깨닫는 시간이었습니다. 책을 좋아하는 청소년이라면 책을 좋아한다는 의미가 무엇인지 한 번 더 생각할 수 있는 기회가 되기를 바라며 출판번역가 편을 마칩니다.

청소년들의 진로와 직업 탐색을 위한
잡프러포즈 시리즈 76

전 세계의 책을 우리말로 풀어내는 멋진 직업
출판번역가

2025년 2월 17일 초판1쇄

지은이 | 이세진
펴낸이 | 김민영
펴낸곳 | 토크쇼

편집인 | 박성은
표지디자인 | 이든디자인
본문디자인 | 문지현
마케팅 | 신성종
홍보 | 이예지

출판등록 | 2016년 7월 21일 제 2023-000173호
주소 | 서울시 마포구 월드컵북로98, 2층 202호
전화 | 070-4200-0327
팩스 | 070-7966-9327
전자우편 | myys327@gmail.com
ISBN | 979-11-94260-22-6(43190)
정가 | 15,000원